AF498459

Max Nordau

Französische Staatsmänner: Gesammelte Biografien

e-artnow 2018

Leseempfehlungen (als Print & e-Book von e-artnow erhältlich)

Manfred von Richthofen
Der rote Kampfflieger (Der Rote Baron): Die Autobiografie

Franz Kugler
Friedrich der Große

Gertrude Aretz
Elisabeth von England (Das Werden einer Königin)

Hans Paasche
Fremdenlegionär Kirsch - Eine abenteuerliche Fahrt von Kamerun in die
deutschen Schützengräben in den Kriegsjahren 1914/15

Alexandre Dumas
Napoleon Bonaparte

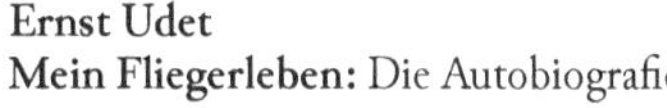

Ernst Udet
Mein Fliegerleben: Die Autobiografie

Manfred von Richthofen
Der rote Kampfflieger

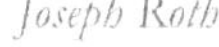

Joseph Roth
Die Flucht ohne Ende (Flucht aus russischer Kriegsgefangenschaft)

Enrique Gómez Carrillo
Mata Hari: Das Geheimnis ihres Lebens und ihres Todes

Ernst Udet
Mein Fliegerleben (Memoiren)

Max Nordau

Französische Staatsmänner: Gesammelte Biografien

Adolphe Thiers + Mac Mahon + Jules Simon + Léon Gambetta + Jules Grévy + Jules Ferry + Waldeck-Rousseau + Emile Combes + Georges Clemenceau + Jean Jaurès

e-artnow, 2018
Kontakt: info@e-artnow.org
ISBN 978-80-273-1897-1

Inhaltsverzeichnis

Die zwei Frankreiche

Die große Umwälzung ist eine ungeheure Tatsache, die, seit sie sich vollzogen, nie aufgehört hat, in erster Reihe in Frankreich selbst, doch durchaus nicht dort allein, lebendig fortzuwirken. Auf sie muß man immer wieder zurückgehen, wenn man den Ablauf der politischen Ereignisse in Frankreich verstehen, den tiefern Sinn der dortigen Parteibildungen und -bestrebungen erfassen und die neuere Geschichte des französischen Volkes als einen organischen und vernünftigen Vorgang begreifen will.

Man spricht häufig von den »*zwei Frankreichen*«, die hinter der scheinbaren Einheit des französischen Volkes ein gegensätzliches Sonderdasein leben. Das Wort ist richtig. Es gibt in der Tat zwei Frankreiche, das der Revolution und das der Gegenrevolution, deren jedes das andere zu überwältigen, wenn nicht zu vernichten sucht, und ihr Kampf um die Vorherrschaft ist seit fünf Vierteljahrhunderten der eigentliche Inhalt der Geschichte Frankreichs, deren geradliniger Zug allerdings in allzu kurzen Abständen durch schwere auswärtige Verwicklungen von seiner bestimmten Richtung abgedrängt wurde.

Am 14. Juli 1789, als eine wildentschlossene Schar durch die Rue und den Faubourg St. Antoine nach der Bastille zog und sie erstürmte, ging ein Riß durch das französische Volk, der heute wie am ersten Tage klafft.

Die rückschrittlichen Geschichtschreiber haben gut schmähen: »Die Bastillenstürmer waren eine Bande barfüßigen, zerlumpten Gesindels ohne andere Absicht als die des gröbsten Unfugs und der Zuchtlosigkeit.« Sie waren gut bewaffnet. Sie führten Kanonen mit sich. Sie waren von Soldaten in feldmäßiger Ausrüstung begleitet. Sie waren wirklich das französische Volk, und sie leitete ein politischer Gedanke.

Jene Geschichtschreiber haben gut spotten: »Die Bastille war ein halbverfallenes mittelalterliches Bauwerk, das ein paar hilflose Invaliden bewachten.« Gewiß, das rechteckige Bollwerk mit den Halbrunden Ecktürmen hatte eine schwache Besatzung. Aber hinter seinen hohen fensterlosen Mauern erschien die Majestät des Gottesgnadentums, das kein Recht und kein Gesetz einschränkte und in dessen Vollgefühl der König sagen konnte: »Der Staat bin ich.«

Als dem König Ludwig XVI. der Sturm auf die Bastille gemeldet wurde, rief er: »Das ist ja eine Revolte.« »Verzeihung, Sire,« entgegnete der Herzog von La Rochefoucauld-Liancourt, »es ist eine Revolution.« Der Hofmann sah klarer als sein König. Der Handstreich der Menge war eine sinnbildliche Handlung, die das Ende einer langen Entwicklung bezeichnete. Der Kampf zwischen der *Königsmacht* und dem *Volksrecht*, der gegen anderthalb Jahrtausende dauern sollte, begann, als der grimme Frankenkrieger das Prunkgefäß von Soissons zerschlug, das König Chlodwig außer seinem rechtmäßigen Beuteanteil für sich verlangte, da der überkommene Brauch doch gebot, daß es in der Masse der eroberten Wertsachen bleibe und über seine Zuteilung das Los entscheide. Das mittelalterliche Gemeinwesen baute sich zwischen den Trümmern der römischen Rechtsordnung und Gesittung auf, in denen siegreiche Wandervölker sich einnisteten. Die Heerkönige strebten nach cäsarischer Macht, die sie vom Hörensagen kannten, in ihren Mannen war eine, wenn auch sich allmählich verdunkelnde Erinnerung an ursprüngliche trotzige Unabhängigkeit wehrhafter Vollfreier lebendig. Die Kirche begünstigte die Ansprüche des Herrschers, indem sie ihn salbte, einen göttlichen Ursprung seiner Gewalt behauptete und ihn zu einer überirdischen Höhe entrückte, wo menschliche Vorbehalte ihn nicht mehr erreichen konnten. In der Auffassung seiner Waffengenossen war er nur der Erste unter Gleichen, dessen Recht aus seiner Erhebung auf dem Schilde, das heißt aus dem Willen des versammelten Volkes stammte. »Wer hat dich zum Grafen gemacht?« fragte König Hugo Capet zornig seinen ungefügigen Vasallen Adalbert von Perigord. »Wer hat dich zum König gemacht?« antwortete der Vasall ohne Besinnen. Im Mittelalter gab es keine *Freiheit*, jedoch *Freiheiten*. Die Theorie der souveränen Persönlichkeit war unbekannt, die Praxis ihrer Durchsetzung geläufig.

Wer stark genug war, erzwang sich vom Herrn die Anerkennung seiner Ansprüche auf Selbstbestimmung in Gestalt einer bindenden Verleihungsurkunde, der Eide, Unterschriften und bedeutende Siegel die unheimliche Weihe eines Talismans von der Art der alten Zauberrunen verliehen. Höchste Beispiele solcher köstlichen Pergamente waren die Magna Charta und die Goldene Bulle, bescheidenere bildeten den Hausschatz aller Stände, Innungen, Zünfte, Körperschaften, Berufe, Gemeinwesen und namhaften Familien. Sie waren mit Blut und Tod erworben, sie verkörperten Kampf und Mut und Entschlossenheit, und ihre erblichen Besitzer wußten, daß sie allezeit bereit sein mußten, sie gegen Vergewaltigungsgelüste mit Einsetzung ihrer ganzen Persönlichkeit zu verteidigen. Schiller hat in der Rütliszene seines »Wilhelm Tell« dieser Denkweise für ihr mißachtetes Recht eintretender freier Männer unübertrefflichen, unerreichten Ausdruck gegeben.

Im unaufhörlichen Ringen der Königsmacht mit den Standesgerechtsamen erstritt bald der eine, bald der andere Teil Erfolge. Ludwig XI. beugte die starren Nacken seines Hochadels, während der Fronde konnte dieser sein Haupt wieder erheben; unter Ludwig XIII. durfte Kardinal Richelieu Chalais, Montmoreney-Vetteville, Cinq-Mars aufs Blutgerüst schicken, ihren Ranggenossen zur blutigen Warnung, und Ludwig XIV. trat gestiefelt und mit der Reitpeitsche in den Parlamentssaal und verkündete seine Allmacht, die keine Fessel duldete. Mit der Einführung der stehenden Heere, über die der König allein verfügte, und einer geordneten Verwaltung, deren Beamte sich als persönliche Diener, man möchte sagen als Hausgesinde ihres Herrn empfanden, schien der Sieg des Herrschers von Gottes Gnaden entschieden und der Absolutismus felsenfest – *rocher de bronze* sagte Friedrich Wilhelm I. mit einem unmöglichen Bilde – gegründet. Die englische Umwälzung von 1648, die Hinrichtung des gesalbten Königs Karl I., die Ausrufung des Freistaates mit Cromwell als Schutzherrn zeigte den verwirrt aufschauenden Völkern andere Möglichkeiten, doch wurde die Lehre dieser Ereignisse nicht gleich begriffen.

Erst im *18. Jahrhundert* wagten vorgeschrittene Denker, Montesquieu, Voltaire, Turgot, Condorcet und der aufgeregte Schwärmer Rousseau, die Behauptung, daß das Selbstbestimmungsrecht der Völker und Individuen seine Quelle nicht in den Pergamenten hat, die einem Herrn abgenötigt wurden, sondern daß sie ihm angeboren sind. Heute gilt in der Rechtswissenschaft die Anschauung, daß es ein Naturrecht nicht gibt, sondern daß dieses ein sentimentaler Irrtum der rationalistisch konstruierenden Enzyklopädisten und ihrer Schüler, daß alles positive Recht geschichtlich geworden und nachweisliches Menschenwerk ist. Das ist unleugbar und im tiefsten Grunde dennoch falsch. Denn die Menschen hätten nie ein positives Recht aufgerichtet, das der formalistische Jurist allein als solches anerkennt, wenn in ihnen nicht immer ein dunkles, sich allmählich aufhellendes Bewußtsein persönlicher Würde und Ansprüche gelebt hätte, das in kraftvollen und höher differenzierten Persönlichkeiten von genug starken Emotionen begleitet war, um ihnen fremde Willkür unerträglich zu machen und ihre Faust gegen sie zu waffnen. Die Kirche hatte immer eine Ahnung vom Rechte der Persönlichkeit, das sie, ihrer Weltansicht entsprechend, in den mystisch umnebelten Begriff der Gotteskindschaft faßte. Der Staat mußte zu seiner Anerkennung durch eine gewaltsame *Volkserhebung* gezwungen werden, wie der Sturm auf die Bastille sie darstellt.

Der Riß, der, wie ich sagte, am 14. Juli 1789 durch das französische Volk ging und die Parteigänger der Menschen- und Bürgerrechte, das heißt der souveränen Persönlichkeit, von den zu willenlosem Gehorchen gedrillten Anhängern der Königsallmacht schieb, folgte nicht glatt den Säumen der Stände. Der Adel, der in der unvergeßlichen Nacht vom 4. August 1789 aus eigener Entschließung auf alle seine verbrieften Vorrechte verzichtete, Graf Mirabeau, der jüngere Sprößling einer uradeligen marquisalen Familie, der dem die Nationalversammlung im Namen des Königs auflösenden Marquis de Dreux-Brézé im Ballhaussaal die drohenden Worte zurief: »Gehen Sie zu Ihrem Herrn und sagen Sie ihm, daß wir durch den Willen des Volkes hier sind und nur der Gewalt seiner Bajonette weichen werden!« waren revolutionär, das eine Frankreich. Die Vendeer Bauern, die Söhne jener tierähnlichen Leibeigenen, von denen Labruyère die oft angeführte erschreckende Beschreibung gegeben hat, »Man sieht gewisse scheue Tiere, Männchen und Weibchen, über das flache Land verbreitet, schwarz, fahl, von der Sonne tief verbrannt, an die Erde gefesselt, die sie mit einer unbezwinglichen Hartnäckigkeit durchwühlen und umwenden; sie haben etwas wie eine artikulierte Stimme, und wenn sie sich auf ihren Beinen aufrichten, zeigen sie ein menschliches Antlitz, und in der Tat: sie sind Menschen.

Nachts verschlüpfen sie sich in Baue, wo sie von Schwarzbrot, Wasser und Wurzeln leben; sie ersparen den anderen Menschen die Mühe des Säens, des Pflügens und des Einheimsens, um zu leben, und sie verdienen deshalb, daß es ihnen an dem Brot nicht fehle, das sie gesät haben.« (*La Bruyere, Caractères; IX: De l'homme.*) das Pariser Bürgertum, aus dem nach dem Sturz der Jakobiner am 9. Thermidor 1794 die verstiegen rückschrittlichen Incroyables hervorgingen, die Lyoner Arbeiter, die sich 1793 gegen die vom Konvent eingesetzte Regierung empörten, der barfüßige Pöbel, der nach dem Fall Napoleons in den Städten Südfrankreichs den »weißen Schrecken« entfesselte und unter dem Abzeichen des Bourbonenkönigs Republikaner und Bonapartisten abschlachtete, waren antirevolutionär, das andere Frankreich. So ist es bis heute geblieben. Die Hauptmacht des Reaktionsheeres rekrutiert sich allerdings aus den vornehmen und reichen Ständen, die des Radikalismus aus dem geringen Bürgertum, dem ländlichen Kleingrundbesitz, der Arbeiterschaft, doch finden sich in diesem neben Plebs und Proletariat nicht wenige Abkömmlinge von Kreuzrittern und Millionäre, in jenem zwischen den Trägern echter und zweifelhafter Adelstitel Krämer, Bauern, Handwerker und Handlungsgehilfen.

Aus der heftigen Gegenströmung, die nach der Niederwerfung der Jakobiner einsetzte, tauchte Napoleon empor und ließ sich von ihr bis zur Kaiserkrönung in der Notre-Dame-Kirche tragen. Napoleon gilt seinen Schmeichlern als Vollender, seinen Gegnern als Würger der Revolution. Beethoven, der kein Politiker und kein Geschichtsphilosoph war, jedoch mit seinem starken Fühlen triebhaft, wie es die Art des Genies ist, den Kern der Dinge erfaßte, empfand ihn als das letztere, strich ihn nach dem Staatsstreich vom 18. Brumaire 1799 für sich aus der Reihe der Lebenden und stimmte in der Eroica auf den »Tod eines Helden« eine erschütternde Totenklage an. Napoleon verabscheute die Revolution, der er sein Geschick verdankte, und suchte ihre Spuren auszutilgen. Er verdunkelte den Ruhm des republikanischen Generals Hoche. Er setzte den Dichter und Verfasser der Marseillaise, Rouget de l'Isle, zurück und mißhandelte ihn mit vielfacher Kränkung. Er haßte und verfolgte die Ideologen, das heißt die Erben jener Philosophen des Jahrhunderts der Aufklärung, die die Väter der Revolution gewesen waren. Er verbannte die Tochter Neckers, Frau von Staël, aus seiner Hauptstadt, weil sie die Revolution zu rühmen und republikanische Sitten als die Vorbedingung einer Erneuerung des Schrifttums zu bezeichnen gewagt und ein freisinniges nachgelassenes Werk ihres Vaters (»*Dernières vues de politique et de finances*«) veröffentlicht hatte. Er verwirklichte die Weissagung, die Montaigne drei Jahrhunderte vorher ausgesprochen hatte: In einer Demokratie, in der allmählich die Tyrannei aller allen unerträglich wird, ersteht schließlich ein einziger Cäsar. Für ihn war das französische Volk ein hart diszipliniertes Heer, dessen Höchstbefehlender er war. Er schuf einen neuen Absolutismus mit einem neuen Orden, einem neuen reich abgestuften Adel und einer starren Hofetikette. Er dichtete sich sogar eine neue Legitimität an, indem er von seinem Hause als der »vierten Rasse« oder Dynastie sprach, nach denen der Merowinger, Karolinger und Capets, und bedauerte, daß er »nicht sein eigener Sohn war«, das heißt, seine vom Papst geweihte Krone nicht dem rechtmäßigen Erbgang, sondern leider seinem eigenen Genie verdankte.

Das französische Volk ertrug sechzehn Jahre lang ohne eine Abwehrbewegung, ohne einen Schrei, den Despotismus Napoleons, der es in einem dauernden Ruhmesrausch erhielt. So erleidet der Kranke in der Chloroform- oder Ätherbetäubung ohne einen Laut den Eingriff des Wundarztes. Im kaiserlichen Frankreich war das von 1789 und 1793 nicht wiederzuerkennen. War die große Nation, über die der Cäsar herrschte, wirklich dieselbe, die die Bastille dem Erdboden gleichgemacht und ihr Königspaar unter das Fallbeil des Henkers Samson geschleudert hatte? Die Revolution schien endgültig überwunden, selbst die Erinnerung an sie ausgelöscht.

1815, das Schicksalsjahr der hundert Tage, Waterloos, St. Helenas, berichtigte diesen Eindruck nicht. Das todmüde, von furchtbaren Blutverlusten aufs äußerste erschöpfte französische Volk ließ sich die *Wiedereinsetzung der Bourbonen* gefallen, die, wie später gesagt wurde, »auf den Gepäckwagen der Feindesheere« in das Land zurückkehrten, das sie verjagt hatte. Der treugebliebene Adel, der mit seinem König aus der Verbannung heimkam, machte putzige Versuche, die neue Zeit an die alte anzuknüpfen und alles, was zwischen 1789 und 1815 lag, zu unterdrücken. Ludwig XVIII. hatte nicht diesen Mut oder diese Folgerichtigkeit. Trotz seines

Hofes, der mit greisenhaftem Eigensinn die Versailler Überlieferungen von den Toten erweckte, trotz seiner Gardeoffiziere, die keine Zufallsbegegnung mit den verächtlich *brigands de la Loire* genannten Halbsoldveteranen Napoleons haben konnten, ohne mit ihnen Herausforderungen auszutauschen, schwankten er und seine Regierung zwischen zwei Haltungen. Der Lehrordenspriester Loriquet verfaßte für die Staatsgymnasien ein Lehrbuch der Geschichte, das Ludwig XVIII. am 21. Januar 1793 den Thron besteigen ließ und vom Marquis Napoleon Bonaparte als dem Konnetabel sprach, der die Heere des Königs auf dessen Geheiß zu glänzenden Siegen führte. Man schleifte jedoch weder den unvollendeten Triumphbogen der Place de l'Etoile noch die Vendomesäule, sondern begnügte sich damit, auf dem Abakus der letzteren das Standbild des Kaisers durch eine weiße Fahne mit einer riesenhaften Wappenlilie an der Stange zu ersetzen. Man bewilligte den Emigranten eine Milliarde als Entschädigung für die ihnen weggenommenen Güter, ließ diese jedoch den Scheinkäufern, die sie von der Revolutionsregierung meist um eine Handvoll wertloser Assignaten erworben hatten. Man stellte den Heiligen-Geist- und St. Ludwigs-Orden wieder her, nahm jedoch die Ehrenlegion und den Napoleonischen Adel in die alt-neue Ordnung hinüber. Man verfolgte die noch lebenden und erreichbaren Konventsmitglieder, die 1793 für den Tod Ludwigs XVI. gestimmt hatten, als Königsmörder, rüttelte jedoch nicht an den Staats- und Rechtseinrichtungen, die die Revolution und das Kaiserreich geschaffen hatten. Der König ließ sich in Reims mit dem heiligen Öl salben und nahm, unabhängig von jedem Volkswillen und jeder menschlichen Zustimmung, nach dem Worte Wilhelms I. »seine Krone vom Tische des Herrn«, gewährte indes gleichwohl 1814 eine Verfassung mit einer Volksvertretung, die sich freilich durch ihre liebedienerische Haltung gegen die Regierung des Königs von Gottes Gnaden, mit ihrem schwachmütigen Verzicht auf die Ausübung ihrer Rechte den Namen der »unauffindbaren Kammer« verdiente. Doch fand sich selbst in dieser auf dem Bauch liegenden Versammlung ein aufrechter Mann, der Abgeordnete Jacques Antoine Manuel, in dem der Geist Mirabeaus lebte und den nur militärische Gewalt von dem Platz entfernen konnte, auf den ihn der Wille des Volkes gestellt hatte.

Die Gutgesinnten erbauten sich am »Journal de Paris« und an der »Gazette de France«, für die der Zeiger an der Uhr der Zeit immer noch auf 1787 stand, aber die Regierung mußte doch auch die »Quotidienne« und den »Globe« dulden, dessen unerschrockener Freisinn die Gemeinde begeisterte, die im Glauben an die Gedanken der Revolution kommunizierte. Daß diese Gemeinde groß, in ihrem Glauben eifernd und bis zur Blutzeugenschaft opferbereit war, bewies die Militärverschwörung von La Rochelle, die zur Hinrichtung von vier republikanisch gesinnten Sergeanten in Paris, am 21. September 1822, führte. Und als der Minister Karls X. Fürst Polignac durch seinen berühmten Erlaß die Presse knebeln wollte, da erhoben sich die Söhne der Bastillenstürmer, und ohne Vorbereitung, ohne Abkartungen und Einverständnisse, in einer natürlichen und gewissermaßen selbstverständlichen Bewegung schlugen sie in dreitägigem Straßenkampfe die Schweizer Söldner und Linientruppen Karls X. aufs Haupt und jagten den König von Gottes Gnaden aus den Tuilerien und aus dem Lande.

In den »drei *Ruhmestagen*« (»*les trois glorieuses*«) des Juli 1830 siegte das revolutionäre Frankreich über das antirevolutionäre ebenso entschieden wie am 14. Juli 1789, vielleicht noch entschiedener. Die Wiederaufrichtung der Republik schien dem Volke selbstverständlich. Der alte Lafayette, ein Wiedererstandener der Revolution, trat aus einer langen Zurückgezogenheit heraus, bestieg einen Schimmel, ritt langsam durch die Straßen von Paris und wurde auf seinem Wege vom Jubel der Menge umbraust. Die von der Restauration des Landes verwiesenen alten Konventsmitglieder kehrten aus der Verbannung heim. Ludwig Philipp, der zwar von den Bourbonenkönigen den Rang eines Prinzen von Geblüt angenommen, jedoch seinen Vater, den fürstlichen Anarchisten und verunglückten Streber Philippe Egalité, nie verleugnet und stets mit dem Freisinn geliebäugelt hatte, zog aus dem Palais Royal ungesäumt in die Tuilerien hinüber, jedoch zunächst nur als Landesverweser. Erst nachträglich setzten ihm gewandte Politiker vom Schlage Adolphe Thiers' die Königskrone auf und drückten ihm das Zepter in die Hand, doch mußten die Krone die Form der Schirmmütze eines Spießbürgers und das Zepter die eines Regenschirmes annehmen, um von den Barrikadenkämpfern der Julitage gelitten zu werden.

Die *Radikalen* grollten, daß taschenspielerisch geschickte Finger die Republik eskamotiert hätten, und August Barbier schrie ihre Entrüstung, ihre Enttäuschung, ihren Zorn in den heißen und bitteren Versen der »Jambes« ins Volk hinaus, die ihm Unsterblichkeit sichern. Die Stimmung blieb lange, wie sie sich in den Julitagen geoffenbart hatte. Deutsche Freisinnige wie Ludwig Börne eilten nach Paris gleich Verdurstenden, die sich an einer sprudelnden Quelle der Freiheit laben wollen. Ludwig Philipp hatte gut mit Biedermannsmiene und demokratischem Geiste regieren, sein Minister Guizot hatte gut den Mittelstand mit dem Zuruf: »Bereichert euch!« ködern, ein ansehnlicher Teil des Volks, namentlich der großen Städte und in erster Reihe von Paris, verharrte in grundstürzender Gesinnung, und die Juli-Monarchie führte ein bewegtes Dasein zwischen Straßenaufruhr – wie dem der Rue Transnonain –, Verschwörungen – wie der Blanquis – und Mordanschlägen – wie dem des Fieschi –. Wenn sie sich gleichwohl fast achtzehn Jahre lang behaupten konnte, so war es wahrscheinlich, weil die Feindschaft gegen die bestehende Ordnung so vielfache und kräftige Ablenkungen erfuhr, daß sie sich lange nicht zu einem entschlossenen Vorstoß mit vereinten Kräften sammeln konnten. Die Jugend stürzte sich mit Leidenschaft in den Kampf der Romantik gegen den Klassizismus und verbrauchte ihre Tapferkeit in den Schlachten um »Hernani« und die späteren Dramen Victor Hugos. Die Idealisten von mystischer Richtung schwärmten mit de Lamennais von einer Erneuerung, Demokratisierung, beinahe Republikanisierung der katholischen Kirche. Gefühlssozialisten, die sich der Brandrufe Babeufs erinnerten, scharten sich um Saint-Simon und seine Jünger, die Gütergemeinschaftsprediger Fourier, Père Enfantin, Cabet. Platoniker der Revolution begeisterten sich für die aufständischen Polen und drängten sich zu den Vorlesungen Adam Mickiewiczs, als er einen Lehrstuhl am Collège de France erhielt. Selbst der Haß gegen die Jesuiten, der Eugen Sues »Ewigem Juden« einen beispiellosen Erfolg verschaffte, hatte die Bedeutung eines Anzeichens des durch alle Schichten des französischen Volkes verbreiteten ungeduldigen und streitbaren Radikalismus, der in den leitenden Geistern bewußter Republikanismus war.

Das offenbarte sich deutlich genug beim Ausbruch der langverhaltenen Volkserregung am 23. Februar 1848, der das Bürgerkönigtum noch rascher wegfegte als der Juli-Aufstand die Bourbonenherrschaft. Den Sinn der Februar-Revolution konnte kein Auslegungskniff verdunkeln oder fälschen. Sie bedeutete, daß das französische Volk nach einer Unterbrechung von einem halben Jahrhundert seinen Werdegang dort fortsetzen wollte, wo Bonaparte 1799 ihn mit Gewalt und Ludwig Philipp 1839 mit List aufgehalten hatte. Die einstweilige Regierung beeilte sich diesmal, schon am 25. Februar die Republik auszurufen, die der fortschrittliche Teil des Volkes sich bereits gewöhnt hatte, als seine rechtmäßige Verfassung zu betrachten, während die stets wiederkehrenden Rückfälle in einen Monarchismus, der bald Cäsarismus, bald Legitimismus, bald das Zwitterding eines Bürgerkönigtums war, ihm im Licht einer Auflehnung gegen das Gesetz zu erscheinen begannen.

Das eine Frankreich, das revolutionäre, hatte einen Sieg davongetragen, den man für entschieden halten durfte. Das andere Frankreich, das gegenrevolutionäre, streckte jedoch die Waffen nicht und bereitete neue Angriffe vor, die die Fehler des Gegners ihm erleichterten. Sie waren zahlreich und schwer. Die Nationalwerkstätten erwiesen sich als das unglücklichste Heilmittel der Arbeitslosigkeit und der von ihr verursachten Not des Proletariats. Als die Regierung aufhören mußte, ihr sich für einen Tagelohn ausgebendes Massenalmosen von einem Franken täglich zu verteilen, taumelte die leidende und enttäuschte Arbeiterschaft zum *Juni-Aufstand*, den Cavaignac in Blutströmen ertränkte. Auf dem aufgerissenen Pflaster der Pariser Straßen lagen über 2000 Proletarierleichen zuhauf, über die die zweite Republik alsbald stolpern und hinfallen sollte. Das revolutionäre Frankreich entdeckte, daß es wieder geprellt worden sei, und wandte sich grollend von einer Republik ab, die immer dreister ihr wahres Gesicht, das antirevolutionäre, cäsaristische, zeigte. Als der Berg, das heißt die äußerste Linke der Nationalversammlung, am 13. Juli 1849 gegen den beschlossenen Kriegszug nach Rom das Volk zu den Waffen rief, rührte sich keine einzige schwielige Hand, und dieselbe Erfahrung machten die republikanischen Abgeordneten, die am 2. Dezember 1851 frühmorgens in die Vorstädte von Paris eilten und die nach ihren Werkstätten wandernden Arbeiter auf der Straße anhielten und beschworen, sich dem Staatsstreich des Prinz-Präsidenten Louis Napoleon Bonaparte mit Gewalt zu widersetzen. Die Angesprochenen zuckten die Achsel und gingen achtlos ihrer Wege, und bei dieser Gelegenheit rief eine Arbeitergruppe den Volksvertretern das Hohnwort »25 Franken!« zu, womit man in den Volksvierteln die Abgeordneten nach dem Betrage ihres Taggeldes bezeichnete. Das gab Baudin Anlaß, den Beleidigern die Antwort zu geben: »Ihr sollt sofort sehen, wie man für 25 Franken täglich stirbt,« und sich auf einer Barrikade heldenmütig den Kugeln der Truppen auszusetzen, deren eine ihn denn auch wenige Minuten später in die Stirne traf und auf der Stelle tötete. Der Zwischenfall änderte nichts an der Haltung des Volkes, das gleichgültig, ja mit Schadenfreude, die Erwürgung einer Republik mit ansah, die an ihm Verrat geübt hatte.

Napoleon III. beging seinen Eidbruch gegen die von ihm beschworene republikanische Verfassung mit freudiger Zustimmung des antirevolutionären Frankreichs. Er selbst aber heuchelte immer, der Vertreter des revolutionären Frankreichs zu sein, und Thiers konnte das geflügelte Wort hinausflattern lassen: »Das Kaiserreich ist eine Monarchie, die vor der Demokratie auf den Knien liegt.« Und Vielleicht heuchelte Napoleon nicht einmal. Gedankenklarheit war seine starke Seite nicht. Er war voller Widersprüche und machte kaum jemals ernstliche Versuche, sie auszugleichen oder sich für die eine oder die andere seiner entgegengesetzten Strebungen zu entscheiden. Er führte das allgemeine Stimmrecht ein und unterwarf sich an den entscheidenden Wendungen seiner Herrschaft der Volksabstimmung, sorgte aber dafür, daß die Wähler nach der Geige seiner Verwaltung tanzten. Er führte beständig das Wort Freiheit im Munde und überlieferte das Land nach seinem Staatsstreich einer russischen Polizeityrannei, die es jahrelang knebelte. Er hatte sich in seiner Jugend mit der sozialen Frage beschäftigt, und aus seinen einschlägigen Schriften tönt uns ein gedämpfter Widerhall der leidenschaftlichen Reden des Saint-Simonismus und Fourierismus für die Rechte des vierten Standes entgegen. Als Kaiser machte er es sich zur Aufgabe, durch gewaltige Umbauten des alten Paris die Arbeiterschaft in Nahrung zu setzen, doch behandelte er diese Fürsorge für die Enterbten als Machtmittel, und sie wurde unter seiner Hand zu einer Bestechung der Arbeiter zugunsten des Kaiserreichs, das keine Wurzeln im Lande hatte und dem das Bürgertum den einzigen Vorzug nachsagte, daß es die Ordnung aufrechterhielt. Es störte ihn nicht, sich zugleich auf den Volkswillen als die Quelle seiner Herrscherrechte zu berufen und sie mit den dynastischen Ansprüchen eines Erben Napoleons I. zu begründen.

Im Innern ein Despot, begünstigte Napoleon III. in der auswärtigen Politik revolutionäre Bestrebungen und hatte manchmal wirksame, manchmal unfruchtbare Gefälligkeiten für Nationalitäten, die sich gegen die bestehende Staatsordnung Europas auflehnten. Die Vereinigung der Donaufürstentümer war wesentlich sein Werk. Er fürchtete nicht, Rußland zu verstimmen, indem er 1863 für die aufständigen Polen Partei nahm. Er stürzte sich für die italienische Einheit in einen Krieg mit Österreich. Freilich, auch hier welche Widersprüche! Er opferte Frankreichs Blut und Gold für die Befreiung der Lombardei von der österreichischen Herrschaft und verhinderte durch die Besetzung von Rom und Civitavecchia die Krönung des italienischen Einheitswerkes durch die Erhebung der ewigen Stadt zur Hauptstadt des unvollendeten Königreiches. Er lehnte es 1864 ab, sich in den Streit des Deutschen Bundes mit Dänemark um die Elbherzogtümer einzumischen, weil er das Recht des deutschen Volkes anerkannte, auf allen Wegen seiner Einheit zuzustreben, und er nahm von 1866 ab gegen den Norddeutschen Bund eine unfreundliche und zuletzt feindselige Haltung an, um Deutschlands Einigung unter Preußens Führung zu verhindern. Dieser Mangel an Folgerichtigkeit führte seinen Sturz herbei. Bis zur Schlußkatastrophe von 1870 aber war gerade seine Nationalitätenpolitik wegen ihres freiheitlichen, ja revolutionären Anscheins seine einzige Tat gewesen, die wirklich zeitweilig die breiten Massen des französischen Volkes mit ihm versöhnte. In dem Jubel, mit dem die Pariser 1859 das aus Italien heimkehrende Heer, die Sieger von Palestro, Magenta, Solferino, begrüßten und den 1856 die Eroberer von Sebastopol nicht entfernt in demselben Maße gekannt hatten, schlug zum erstenmal das Herz der französischen Demokratie für den Verüber des Staatsstreichs von 1851. Im Innern geknechtet, fand sie einen Trost und eine großherzige Selbsttäuschung darin, daß Frankreich wenigstens in der Fremde der Soldat der Freiheit war.

Auf seine alten Tage wollte Napoleon III. die Fesseln lockern, wenn nicht lösen, in der er die Volksrechte geschlagen hatte, und er unternahm den Versuch des *»liberalen Kaiserreichs«*. So unaufrichtig und hinterhältig er war, er fand Gläubige, die ihn ernst nahmen oder ein Interesse hatten, so zu tun. Emile Ollivier, Prévost-Paradol, Laboulaye, Edmond About, mit die glänzendsten Geister unter den Gegnern des Kaiserreichs, machten ihren Frieden mit ihm und traten in den Dienst Napoleons. Durch ihr Plebiszit vom 8. Mai 1870 erklärten die Millionen der französischen Wähler sich mit der Wendung der kaiserlichen Regierungsmethode einverstanden. Aber in den siebzehn Jahren seit dem Staatsstreich war ein neues Geschlecht des revolutionären Frankreichs heraufgekommen, das den Waffenstillstand mit der Gegenrevolution kündigte und die brutal unterbrochene Entwicklung der Volkssouveränität weiterzuführen entschlossen war. Der Führer dieser kampflustigen republikanischen Jugend war Gambetta, ihr Trompeter Rochefort. Wann der entscheidende Zusammenstoß erfolgt wäre, wie er geendet hätte, kann niemand sagen, denn der Krieg mit Deutschland warf alles über den Haufen.

In Napoleons äußerer Politik finden sich alle Widersprüche seines Denkens und Wesens wieder. Ohne einen andern Anspruch auf die oberste Gewalt als seinen Namen, den er mit zweifelhaftem Rechte trug, begriff er, daß die Welt aus diesem die natürlichen Schlüsse ziehen und sich von ihm der Absicht einer Weiterdichtung des Napoleonischen Heldengedichtes versehen würde, er verkündete daher feierlich: »Das Kaiserreich ist der Friede.« Die Logik der Sachlage war jedoch stärker als sein Wille, und er taumelte von Krieg zu Krieg, immer ohne Not und ohne Nutzen für Frankreich. Der Krimkrieg war eine persönliche Rache an dem Zaren Nikolaus I., der ihn schlecht behandelt hatte, und ein Liebesdienst für das entgegenkommend und freundlich gewesene England, dem er die Kastanien der Vorherrschaft im Orient aus dem Feuer von Sebastopol holte. Der Italienische Krieg war ein romantisch-ritterliches Herzensabenteuer. Der chinesische Feldzug war ein Gewaltstreich ohne vernünftigen Grund. Der Einfall in Mexiko war eine arg verschüchterte zweite Auflage des spanischen Irrtums Napoleons I., und der Krieg mit Deutschland war ein Selbstmord. Vom Kaiserreich war gesagt worden: »Es ist zu fortwährendem Sieg verurteilt.« Als es die Niederlage von Sedan erlitt, sank es lautlos in sich zusammen, und was eben noch ein stattlicher Bau geschienen hatte, war in wenigen Augenblicken ein formloser Wust zermürbter Steine und wurmstichigen, morschen Gebälks.

Die *Umwälzung vom 4. September 1870* war die einzige des 19. Jahrhunderts, bei der kein Tropfen Blut vergossen wurde. Wie eine Selbstverständlichkeit, wie eine Rückkehr zum Natürlichen und Gesetzlichen folgte dem Kaiserreich, einem langen und verhängnisvollen Zwischenfall, wieder die Republik, in der landläufigen Bezeichnung die dritte seit 1792, tatsächlich immer eine und dieselbe mit zeitweiligen Verdunkelungen. Sie trat eine schwer belastete Erbschaft an. Sie mußte den Krieg abwickeln, die schweren Friedensbedingungen annehmen, den Kommune-Aufstand niederringen, sich gegen die Unternehmungen der Monarchisten verteidigen.

Die *Nationalversammlung* vom 8. Februar 1871, von der der Minister Beulé das von den Freisinnigen jubelnd wiederholte Wort prägte, sie sei ›an einem Unglückstage gewählt worden‹, war durch und durch gegenrevolutionär. Die Rückschrittler bildeten in ihr eine Zweidrittelmehrheit. Ein gemeinsamer Abscheu gegen die Republik einigte sie. Als es sich jedoch darum handelte, die Monarchie wiederherzustellen, fielen sie in vier Parteien auseinander, zwischen denen eine Verständigung sich als unmöglich erwies, da jede ihre eigene Ansicht von der zu errichtenden Monarchie hatte. Die Legitimisten sahen im Grafen von Chambord ihren rechtmäßigen König Heinrich V., die Orleanisten riefen den Grafen von Paris an, einige Laue und Halbe träumten vom Herzog von Aumale als Statthalter nach Art der Oranier in den Vereinigten Provinzen, und die wenigen dem Zusammenbruch entgangenen Bonapartisten wollten ihren Kaiser wiederhaben. Diese Uneinigkeit machte es *Thiers*, dem gewählten Oberhaupte der vollstreckenden Gewalt, möglich, der Versammlung als ein Provisorium die Republik aufzunötigen, ›die uns am wenigsten spaltet‹, allerdings mit dem Zugeständnis, daß es ›eine Republik ohne Republikaner‹ sein solle, da die Landspflöcke, die ›ruraux‹, wie ihre Gegner die konservativen Provinzler der Versammlung nannten, sie nur unter dieser Bedingung selbst als vorläufigen Notbehelf annahmen.

Auf die Dauer wurde Thiers, im Augenblick der Wahlen von 1871 der ›notwendige Mann‹, der feindseligen Mehrheit unerträglich, sie stürzte ihn am 24. Mai 1873 und wählte an seiner Statt den Marschall von Mac Mahon, von dem sie erwartete, daß er seine Macht dazu gebrauchen werde, dem Grafen von Chambord, der sich inzwischen mit den Orleans versöhnt und den Grafen von Paris als seinen Erben und Nachfolger anerkannt hatte, den Weg zum Throne zu ebnen. Er war jedoch zu ehrlich oder nicht mutig genug, um die von seinen Wählern in ihn gesetzten Erwartungen zu erfüllen. Er zeigte zu ihrer Überraschung die Neigung, den Versuch einer freiheitlichen Regierung zu machen. Er mißlang kläglich. Ein so geschmeidiger Latitudinarier wie Jules Simon schien ihm noch ein gefährlicher Umstürzler, und am 16. Mai 1877 wies er diesem seinem Ministerpräsidenten mit einer staatsstreichartigen plötzlichen Bewegung, einem wahren Überfall, die Tür. Er berief den Erzreaktionär Herzog von Broglie zur Regierung, der prahlte, er werde ›Frankreich marschieren machen‹. Frankreich marschierte jedoch nicht, sondern zwang Broglie und seine Mitarbeiter zu marschieren. Die Kammerauflösung und die Wahlen hatten trotz eines amtlichen Druckes, wie ihn selbst das Kaiserreich nicht gekannt hatte, mit dem Sieg der Republikaner geendet, und Mac Mahon, dem Gambetta zugerufen hatte, er müsse *se soumettre ou se démettre*, sich unterwerfen oder gehen, tat beides; zuerst unterwarf er sich nach einem schwachmütigen Versuch seines Kriegsministers Generals Rochebouet, die Republik durch Militärgewalt zu erwürgen, und dann ging er, da er es nicht länger ertragen konnte, im Elyséepalast der Gefangene der siegreichen Republikaner zu sein.

Bis 1875, bis die Nationalversammlung von 1871, ehe sie sich widerwillig zum Auseinandergehen entschloß, die Wallonsche Verfassung mit einer Stimme Mehrheit annahm, hatte die dritte Republik um ihre gesetzliche Anerkennung, bis 1879, bis Mac Mahon von der Präsidentschaft zurücktrat, hatte sie um die Zulassung der Republikaner zur Regierung der Republik zu kämpfen. Erst mit der Wahl Grévys zum Präsidenten wurde sie zu einer Wirklichkeit. Doch auch von da ab war ihr Leben nicht leicht. Die Gegenrevolution war wieder einmal geschlagen, doch nicht entmutigt. Sie kämpfte mit unversöhnlichem Haß weiter gegen die Republik, doch nicht mehr in ehrlicher, offener Feldschlacht unter der stolz entfalteten eigenen Fahne, sondern in einem tückischen Buschkrieg, aus listig gewählten Hinterhalten, in immer wechselnden Verkleidungen, unter falschen Flaggen.

Unvorsichtigkeiten Wilsons, des Schwiegersohnes Grévys, die so geringfügig waren, daß der Ausdruck Verfehlungen für sie beinahe zu stark wäre, wurden zu einem Kesseltreiben gegen den Präsidenten Grévy benutzt, das mit seinem erzwungenen Rücktritt endete. Die Rückschrittler erfanden das Schlagwort von der Fäulnis der Republik, und die Republikaner hatten die unverzeihliche Zaghaftigkeit, sich ins Bockshorn jagen zu lassen und puritanischen Übereifer zu spielen, statt ihren Gegnern die Maske vom Gesicht zu reißen und dem Lande zu zeigen, daß die sittliche Entrüstung über die Verderbnis der Regierenden Heuchelei und eine bloße Parteikriegslust zur Entehrung der Republik war. Der *Zusammenbruch des Panama-Unternehmens*, der bei den um ihr sauer verdientes Geld geprellten kleinen Sparern, der Hauptkundschaft Lesseps', die wütendste Erbitterung hervorrief, war ein neuer hochwillkommener Anlaß, die Verleumdung von der Fäulnis zu wiederholen. Die Anklage war ernster und gefährlicher als die gegen Wilson und Grévy. Die Liste der 104 Parlamentarier, an die der Makler des Lasters, Arton, der für Lesseps Gewissen erhandelte, Schecks verteilt hatte, war eine traurige Wirklichkeit. Die republikanische Mehrheit des Parlaments tat das Nötige. Sie brannte die jauchige Schwäre mit dem Glüheisen aus. Sie opferte einen Minister und mehrere Volksvertreter, die sich nachweislich hatten bestechen lassen. Aber sie unterließ es, die Tatsache ins Licht zu setzen, daß Lesseps und alle seine Mitarbeiter eifernde Klerikale waren, daß das ganze Panama-Unternehmen, zwar nicht in seinen Zielen, doch in seiner Organisation einen scharf ausgeprägten rückschrittlichen Charakter hatte und daß auf der Liste der Bestochenen, die dem von der Kammer eingesetzten Untersuchungsausschuß in die Hände fiel, die Presse und die Politiker der Rückschrittsparteien reichlich vertreten waren. Sie verhinderte nicht entfernt genug energisch, daß das Schimpfwort ›Panamisten‹ auf den Republikanern sitzen blieb und in der verhetzten Masse die Überzeugung sich einwurzelte, es sei vollauf verdient. Wenig fehlte, und der geschickte Gebrauch der Panamawaffe brach der Republik den Hals. Bei den allgemeinen Wahlen, die dem Panama-Ärgernis folgten, verloren die Republikaner gegen 100 Sitze, die der monarchisch-klerikalen Minderheit zufielen.

Den nächsten Sturm auf die Republik, führte General *Boulanger* an, ein grundsatzloser Streber, Possenreißer und Schürzenjäger, der vorgab, die Republik von der ›Wilson-Bande‹ säubern zu wollen, und den vaterländischen Leidenschaften der Menge schmeichelte, indem er hölzerne Truppenbaracken an der Ostgrenze bauen und die Schilderhäuser im ganzen Lande mit den französischen Dreifarben bepinseln ließ. Die Mittel zu seinen dreisten Umtrieben lieferten ihm hochadlige Damen – eine Herzogin allein drei Millionen Franken –, die von ihm erwarteten, er werde den Grafen von Paris als König von Frankreich krönen und ihm als Antrittsgeschenk Elsaß-Lothringen zu Füßen legen. Die gefährdete Republik fand im Minister des Innern Constans einen geschickten und kaltblütigen Verteidiger, Boulanger floh außer Landes und machte in der Verbannung seinem kläglich verfehlten Leben durch eine Revolverkugel ein Ende.

Kaum war der boulangistische und panamistische Rummel vorüber, als die klerikal-monarchistische Reaktion die *Dreyfus-Sache* ins Werk setzte. Indem sie einen jüdischen Generalstabsoffizier fälschlich des abscheulichsten Landesverrats bezichtigte, spekulierte sie auf die abergläubische Spionenfurcht und den schlummernden, doch nie erstorbenen Erb-Antisemitismus der Menge. Sie verleumdete zuerst die Freisinnigen, dann alle Republikaner als Feinde des Heeres, als vaterlandslose Gesellen, als an den Feind verkaufte Verräter und spielte sich selbst als Verteidigerin der Armee, als Beschützerin und Beschirmerin des Volkes und Landes auf. Die beiden Frankreiche nannten sich in den aufgeregten Jahren von 1895 bis 1900 Anti-Dreyfusards und Dreyfusards, und es ist nicht viel weniger als ein Wunder, daß es zwischen ihnen nicht zum wütendsten Bürgerkriege kam. Dieser brach wahrscheinlich nur deshalb nicht aus, weil es an einer starken und verwegenen Persönlichkeit fehlte, die die kampfbereiten Streitkräfte der Gegenrevolution zusammengefaßt und zum Angriff auf die bestehende Ordnung geführt hätte. Paul Déroulède, der es versuchte, war nicht der Mann für eine derartige Aufgabe, die nicht mit der Leier eines Dichters, sondern nur mit dem Degen eines Militärs gelöst werden konnte.

Die Dreyfus-Sache mißlang wie der Panamismus, der Boulangismus, der Wilsonismus. Die *Trennung von Staat und Kirche* lieferte den nächsten Vorwand zu einer klerikalen Schilderhebung. Damen der Gesellschaft verschworen sich mit Geistlichen und frommen Jünglingsvereinen, um die Inventaraufnahme des Kirchenvermögens gewaltsam zu verhindern, und viele Offiziere, welche die gegen die gemischte Gesellschaft der Aufrührer aufgebotenen Truppen führten, verweigerten den Gehorsam, zerbrachen ihren Degen und schlugen sich auf die Seite der Widersetzlichen. Diese Bewegung ging nicht tief. Die fromm-fanatischen Kampfgesänge der Schloßherrinnen und eleganten Jesuitenzöglinge weckten keinen Widerhall in der Seele des Volkes, das für die Kirche und ihre Priester nicht zu begeistern ist. Die Gegenrevolution erkannte ihren Irrtum. Sie machte den schweren Fehler, sich offen zu ihrem Klerikalismus bekannt zu haben, rasch wieder gut, indem sie sich in einen streitbaren Nationalismus verkleidete, der auf allen Kreuzwegen den giftigsten Fremdenhaß predigte, grausam in der Wunde wühlte, die die Losreißung von Elsaß-Lothringen in der Flanke Frankreichs gelassen hatte, und einen an Wahnwitz grenzenden Taumel von Selbstüberhebung, Rachedurst und Kriegslust seuchenartig zu verbreiten suchte. Sie gliederte Radaubanden, die unter dem gewollt pöbelhaften Namen von Königshausierern die Straßenordnung störten und Tätlichkeiten gegen Minister, Richter und sonstige namhafte Persönlichkeiten begingen, sie gründete eine Hetzpresse, die das Äußerste an roher Verunglimpfung politischer Gegner leistete, und sie begann eine Schreckensherrschaft des wohlgekleideten Mobs einzurichten, die notwendig und bald zu blutigen Ereignissen führen mußte.

Der plötzliche *Ausbruch des Krieges* von 1914 stellte auch zwischen den beiden Frankreichen den in allen beteiligten Ländern eingeführten Burgfrieden her, der in Frankreich den Namen ›heilige Einigkeit‹ erhielt. Sie wandten die gegeneinander gezückten Waffen gegen den auswärtigen Feind und wollten in den Schützengräben nur Frankreich ohne trennende Nebenbezeichnung sein. Eine Versöhnung bedeutet dieser Waffenstillstand nicht. Nach dem Kriege werden die beiden Frankreiche sich wieder einander gegenüber finden, sie werden ihren Hader aufs neue aufnehmen und ihn weiterführen, bis einer der beiden Gegner gänzlich aus dem Felde geschlagen ist.

Von 1879 ab war die *Republik* eine Wirklichkeit. Aber zwanzig Jahre lang, bis 1899, bis zur Ministerpräsidentschaft Waldeck-Rousseaus, hatte sie eine ausgesprochen konservative Richtung und verschloß sich der Erkenntnis, daß ihre Voraussetzung und Grundlage, die Demokratie, von ihr die Befriedigung sozialer Volksbedürfnisse erwartete. Waldeck-Rousseau gab zuerst, sehr gegen seine Neigung, dem Steuerrad eine scharfe Drehung zum Radikalismus. Er selbst war in seinen Neigungen und Grundsätzen durchaus konservativ. Sein Kampf gegen die Anti-Dreyfusards zwang ihm jedoch das Bündnis mit den Radikalen auf, denen er für ihre Unterstützung als Gegenleistung das in erster Reihe gegen die geistlichen Orden gerichtete Vereinsgesetz bot, die Vorbereitung der Trennung von Staat und Kirche, deren Durchführung das Werk seines Nachfolgers Emile Combes war. In der Person Combes' gelangte 1902 der *Radikalismus* zur Regierung, die ihm nicht wieder entwunden werden konnte. Die Radikalen fügten ihrem Parteinamen die Bezeichnung Sozialisten hinzu, nannten sich »Radikal-Sozialisten« und räumten damit ein, daß ihr Radikalismus ohne einen Einschlag von Sozialismus nicht mehr den Forderungen des Volkes entsprach und unfruchtbar bleiben mußte. Was sie zaghaft für die Enterbten taten oder tun wollten – Unfallversicherung, Altersversorgung, Berufsgenossenschaftsgesetz –, genügte freilich den reinen Sozialisten ohne einschränkende Nebenbezeichnung nicht. Daher ein innerer Zwiespalt unter den Republikanern, der gelegentlich den ganzen Bau der Republik erschütterte und zu zerstören drohte. Die oft sehr stürmischen Auseinandersetzungen zwischen den bürgerlichen Freisinnigen, den behutsamen Sozialpolitikern und den orthodoxen Sozialisten wurden durch den Krieg jäh unterbrochen. Sie werden zweifellos nach dem Friedensschluß wieder aufgenommen werden. Die arbeitenden Massen erwarten von der dritten Republik die Einlösung der Versprechen, die ihnen die erste und die zweite gemacht haben. Ihr Entwicklungsziel ist deutlich soziale Gerechtigkeit, das heißt eine Organisation der nationalen Arbeit, die den Arbeitern einen billigen Anteil an dem Genuß der von ihnen geschaffenen Güter sichert. Die praktische Formel dieser Organisation ist noch nicht gefunden, wenn Sozialisten und Syndikalisten auch das Gegenteil behaupten. Das mühselige und gefährliche Suchen und Versuchen muß fortgesetzt werden. Alle ernsten Politiker Frankreichs aber wollen, daß das Frankreich der Revolution für seine Bürger nicht ein kaltes Vaterland mit Amtsstuben und Exerzierhöfen, sondern ein warmes mütterliches Nest sei; daß der von seiner feudalen Eisenrüstung endgültig befreite Staat ihnen nicht bloß das starre, strenge Antlitz des Befehls, sondern auch den freundlichen Blick der Anteilnahme zeige, daß er nicht der kuranzende Büttel von Untertanen sei, sondern der bevollmächtigte Geschäftsführer und Sachwalter der gemeinbürgschaftlich verbundenen Volksgenossen. Das ist der Grundgedanke der großen Umwälzung und ihrer Verkörperungen in den drei Republiken.

Adolphe Thiers

Adolphe Thiers, der 1797 in Marseille geboren war und 1877 in St. Germain-en-Laye bei Paris starb, hat in seinem achtzigjährigen Leben, während dessen er immer im Vordergrund der politischen Bühne Frankreichs stand und handelte, viele Beinamen erhalten. Gambetta nannte ihn während des 1870er Krieges »den unheimlichen Greis«, für den Royalisten de Meaux war er nach dem Friedensschluß »der unvermeidliche Mann«, die Männer des von ihm niedergeworfenen Kommune-Aufstandes bezeichneten ihn kurz als den »Massenmörder«, die Geschichte aber wird ihm den Ehrentitel des »Befreiers des Staatsgebietes« lassen, den ihm Gambetta, ehemals sein heftiger Gegner, bei einem denkwürdigen Anlaß widmete. Das war in der Kammersitzung vom 16. Juni 1877, während eines leidenschaftlichen Redekampfes über Mac Mahons parlamentarischen Staatsstreich vom 16. Mai. Auf Angriffe gegen die Rückschrittspartei und die Nationalversammlung von 1871, in der sie die große Mehrheit hatte, rief de Fourtou, der gewalttätigste Minister im Faustkabinett des Herzogs von Broglie: »Die Nationalversammlung hat das Staatsgebiet befreit!« Mit seiner gewohnten Schlagfertigkeit erwiderte Gambetta auffahrend: »Der Befreier des Staatsgebietes ist dieser hier!« und wies mit weit ausgestrecktem Arm auf Thiers, der still, gekrümmt, geschrumpft auf seinem Platze saß. Die ganze Linke der Kammer sprang auf, wandte sich dem in sich versunkenen Greis zu, klatschte minutenlang wütend in die Hände und wurde nicht müde, donnernde Hochrufe auszubringen. Der Auftritt wurde von Ehrmann in einem großen Gemälde von mäßigem künstlerischen Verdienst, doch starkem anekdotischen Interesse festgehalten, das sich jetzt in Versailles befindet. Eine derartige Apotheose ist der Lohn eines dem Gemeinwesen gewidmeten Lebens und weist ihrem Helden seinen dauernden Platz in der Geschichte seines Vaterlandes und des Weltteils an.

Thiers ist eine so vollendete Verkörperung des französischen Bürgertums, seiner Vorzüge und seiner Begrenzungen, seine Laufbahn so bezeichnend für die Möglichkeiten, die eine freie Demokratie einer hochbegabten und starken Persönlichkeit bietet, daß man glauben möchte, ein synthetisierender Romandichter von tiefster Geschichtsauffassung, großartiger menschenbildnerischer Kraft und gelegentlicher leiser Ironie habe die Gestalt, ihre Entwicklung und Geschichte frei erfunden, um einen Schulfall zur Verdeutlichung einer politischen und sozialen Theorie zu schaffen.

Der Abkömmling einer Familie, die wahrscheinlich aus dem provenzalischen Städtchen Thiers stammt und jedenfalls von ihr den Namen angenommen hat, studierte er die Rechte und ging 1821 nach Paris, um in der überlieferten Weise der Südfranzosen – vielleicht war er einer der Urheber dieser Überlieferung – die große Stadt und den trägern, mattern Norden zu erobern, wie Alphonse Daudet es später in seinem als Beitrag zur Volkskunde wertvollen Roman »Numa Roumestan« ohne Wohlwollen schildern sollte. Er begann, wie in Frankreich selbstverständlich, als Tagesschriftsteller. Villemain hat französische Verhältnisse richtig gekennzeichnet, als er den Ausspruch tat: »Der Journalismus führt zu allem, unter der Bedingung, daß man aus ihm heraustritt.« Man kann sich eines Lächelns nicht erwehren, wenn man zu verzeichnen hat, daß der junge Ringer aus dem Süden sich zunächst, wie alle Welt, auf die Kunstkritik warf und über den Salon von 1822 und 1824 schrieb. Er war nämlich der Philister ohne eigenes Kunstempfinden, doch von ehrerbietigem Konventionalismus, wie er im Buche steht, bildete sich jedoch ein, über Schönheitswerte und Schöpfergabe ein Urteil zu besitzen, und wandte sein Leben lang der Kunst ein rührendes Interesse zu. Wie jeder ehrbare und wohlhabende Spießbürger sammelte er alles mögliche. Als er jedoch letztwillig seine Schätze dem Louvremuseum vermachte und sein Trödel von bedauerlichen Bildern und Plastiken bis zu banalem Porzellangeschirr an dieser erlauchten Stätte aufgestellt wurde, stießen die berufenen Hüter des Geschmacks einen Schrei des Entsetzens und der Entrüstung aus und forderten stürmisch die Ausschließung der seltsamen Kostbarkeiten, die ihnen jedoch wegen der dem Andenken Thiers' schuldigen Achtung nicht bewilligt werden konnte.

Er erwarb einen kleinen Anteil an der Aktiengesellschaft, die den oppositionellen »Constitutionnel« gründete, und trat, ein merkwürdiger und wenig bekannter kleiner Zug, zum erstenmal in Beziehung zu Deutschland, indem ihn der Stuttgarter Klassiker-Cotta, der gleichfalls an dem Pariser Blatte mit seinem Kapital beteiligt war, zum bevollmächtigten Vertreter seiner Interessen im Aufsichtsrat bestellte. Bald darauf wurde er Mitbegründer des »National«, wo das System eingeführt wurde, daß die Gründer der Reihe nach je ein Jahr lang die oberste Leitung des Blattes ausübten. 1830 war das Jahr der Leitung Thiers' und damals geschah es, daß der Minister Karls X., Fürst von Polignac, die Verordnung erließ, die mit Vergewaltigung der Charte von 1814 der Presse die letzten geringen Freiheiten entriß. Thiers verfaßte die gemeinsame Verwahrung aller Blätter gegen die ministerielle Gewalttat und unterschrieb sie an erster Stelle.

Er forderte die Bürger zum Widerstande gegen Polignacs Maßregel auf, dachte aber nur an den gesetzlichen Widerstand durch Wort, Schrift und Stimmzettel. Das Volk ging im ersten Anlauf weit über diese Einschränkung hinaus und vollzog den Juli-Aufstand, der den Bourbonenthron wegfegte. Damals griff Thiers zum erstenmal, und gleich entscheidend, in die Geschicke seines Vaterlandes ein. Die Straßenkämpfer der drei Julitage schlugen sich auf ihren Barrikaden mit Hochrufen auf die Republik. Thiers aber schrieb noch am 30. Juli in seinem Blatte: »Die Republik würde uns entsetzlichen Spaltungen aussetzen.« Einundvierzig Jahre später sollte er genau das Gegenteil sagen. Er forderte 1871 die Republik mit der Begründung: »Sie ist es, die uns am wenigsten spaltet.«

Dieser Widerspruch ist ein besonders schroffer, doch durchaus nicht der einzige in seinen Anschauungen. Seine vielfachen Wandlungen und Schwankungen erklären sich sämtlich aus einem ursprünglichen Gegensatz zwischen seinem Gefühl und seinem Verstand. In seinem Unterbewußtsein war er ein Mann der Ordnung, der Autorität, der guten alten Gewohnheiten, der sich an Symmetrie ergötzte, Regelwidrigkeiten verabscheute, Zucht und Botmäßigkeit forderte. In seinem bewußten Denken erkannte er die große Umwälzung als die Ursache der Weltstellung und Größe Frankreichs, als die Grundlage seiner lebendigen Einrichtungen, als die Bedingung, die allein einem geringen Sohne des dritten Standes, einem kleinen Bürger ohne Geburt und Namen wie ihm jeden Ehrgeiz gestattete und jeden Erfolg versprach. Bald ließ er sich von seinem Gefühl eines starren Konservativen, bald von seiner Einsicht eines vernünftigen Schätzers der Geistesverfassung des französischen Volkes bestimmen. Nur in zwei Punkten herrschte volle Übereinstimmung zwischen seinem Fühlen und Denken: in seiner Unzugänglichkeit für religiöse Vorstellungen und in seiner leidenschaftlichen Vaterlandsliebe. Er war ein Sohn Voltaires, der nie seinen geistigen Vater verleugnete, und er war ein stolzer Franzose, der für sein Land den ersten Platz beanspruchte, von dessen unvergleichlicher Bestimmung durchdrungen war und sich in seinem andächtigen Glauben durch keine Niederlage und Demütigung irremachen ließ.

Kaum 26 Jahre alt, begann er seine »Geschichte der Revolution« zu schreiben. Die Größe dieses Werkes vergegenwärtigt man sich heute schwer. Er hatte keinen Vorgänger. Er brach Urboden auf. Er sammelte die Tatsachen weit mehr aus den mündlichen Erzählungen der überlebenden Zeugen als aus den Urkunden und zeichnete viele Charakterbilder nach seinen persönlichen Eindrücken von den Modellen und nach den Aussagen der Männer, die sie gekannt hatten, nicht nach Büchern und abgezogenen Folgerungen. Nach ihm kam Lamartine mit seiner sentimentalen Teilnahme für eine Partei, die Girondisten, Louis Blanc mit seinem Bemühen um die Aufdeckung tiefliegender und entfernter Ursachen, Michelet, ein begeisterter Skalde, der Balladen singt, kein nüchterner Geschichtschreiber, Taine, der gallsüchtige Absprecher und Hasser des *profanum vulgus*, Aulard, der gewissenhafte Erforscher alles kleinen und kleinsten Tatsächlichen. Diese Nachfolger überflügelten und verdunkelten ihn. Nichts aber kann sein Verdienst schmälern, die Ereignisse von 1789 bis 1799 zuerst als eine zusammenhängende monumentale Freske dargestellt, sie schlicht, klar, fließend in einer Sprache erzählt zu haben, die nicht durch stilistische Künsteleien, sondern durch die Gewalt der vorgetragenen Tatsachen wirken will.

In der ersten Ausgabe seiner »Geschichte der Revolution« stand Thiers auf dem Standpunkt, den 60 Jahre später Clemenceau einnahm, als er in der Kammerdebatte über die Aufführung von Sardous »Thermidor« im staatlich unterstützten *Théâtre français* die Umwälzung für einen »Block« erklärte, den man im ganzen annehmen müßte, ohne das Recht, gegen einzelne Teile Vorbehalte zu machen oder sie abzulehnen. Thiers hatte auch für die Schreckensherrschaft Erklärungen und Entschuldigungen, merzte jedoch in den späteren Auslagen diese Stellen aus seinem Werke aus. Ein Gegenrevolutionär, G. de Mortillet, machte sich das boshafte Vergnügen, in einer besonderen Schrift, »*Monsieur Thiers altéré par lui-même*«, »Herr Thiers, von ihm selbst geändert«, Paris, 1846, die Stellen zusammenzutragen, in denen er sich selbst verleugnete. Auf Widersprüche dieser Art stoßen wir bei Thiers fortwährend. Man hätte indes unrecht, ihm aus ihnen einen Vorwurf zu machen. Er war kein Doktrinär und gab sich nie als einen solchen. Er war ein Politiker und die Politik ist die Kunst der Anpassungen an gegebene Verhältnisse, die man nicht ändern kann. Nur ging er in diesen Anpassungen häufiger, als seinem Andenken zuträglich ist, bis zum Verzicht auf Menschlichkeit.

Nach der Juli-Revolution war er es, der den Herzog von Orleans seinem anfänglichen, aufrichtigen oder geheuchelten, Widerstande zum Trotz bestimmte, sich zum König der Franzosen ausrufen zu lassen. Der neue Herr lohnte ihm seinen Dienst mit einem Ministerportefeuille, dessen junger Träger seine vernünftige Wertung der Revolution völlig vergaß und sich ganz seinen konservativen Instinkten hingab. Als Minister des Innern im Kabinett des Marschalls Soult verhaftete er die Herzogin von Berry, die die Bretagne und Vendée zu einem legitimistischen Aufstand gegen das Bürgerkönigtum aufzuwiegeln suchte, und entehrte sie durch amtliche Veröffentlichung des Protokolles über ihre Niederkunft im Gefängnis, vierzehn Jahre nach der Ermordung ihres Gatten, des einzigen Sohnes Karls X. Die überwältigten Arbeiter des Lyoner Viertels der Croix Rousse und der Pariser Rue Transnonain, die gegen seine Regierung Barrikaden aufgeworfen hatten, schickte er erbarmungslos auf das Blutgerüst, und 1835 gab er ein Gesetz gegen die Pressefreiheit, er, der seine Erhebung seinem Widerstand gegen die Preßordonnanzen Polignacs und den von ihm heraufbeschworenen Barrikadenkämpfen der drei Julitage 1830 verdankte. 1840, als Ministerpräsident, setzte er die Rückkehr der Asche Napoleons von

St. Helena so wirksam in Szene, daß sie der Ausgangspunkt der epischen Napoleonssage wurde, veranlaßte die Umwandlung von Paris in eine Festung mit Außenforts, Wall und Graben und rief in Deutschland durch seine offene Forderung der Rheingrenze für Frankreich einen Sturm vaterländischen Zorns hervor, dem August Becker in seinem vom Fels zum Meer hallenden »Rheinlied« Ausdruck gab. Guizot, die ragendste Gestalt der Juli-Monarchie und eine der dauernden Größen der französischen Ruhmeshalle, mißbilligte scharf diese Herausforderungen und Heftigkeiten, und seine Gegnerschaft hielt Thiers in den letzten Jahren des Bürgerkönigtums von der Macht fern.

Nach der Februar-Umwälzung fand er sich rasch mit der Verjagung Ludwig Philipps ab, dem er die Krone auf das Haupt gesetzt hatte, ließ sich in die Nationalversammlung wählen und folgte hier ohne Hemmung seinem Herzenszug, der ihn an die Seite der maßlos rückschrittlichen Rechten führte. Er stimmte immer mit ihr, bekämpfte mit den plattesten und rückständigsten Gründen Proudhon und die sozialistisch gefärbten Ansprüche des vierten Standes, unterstützte den Gesetzentwurf de Falloux’, der unter dem Vorwand der Unterrichtsfreiheit die Schule für ein halbes Jahrhundert der Kirche auslieferte, und nahm an der Einschränkung des Stimmrechts teil, die den endgültigen Bruch zwischen dem Volk und der zweiten Republik verschuldete. Er hatte aus diesem Anlaß das Duell, eine harmlose Begegnung auf Pistolen, das im Leben keines französischen Mannes der Öffentlichkeit fehlen darf, mit dem freisinnigen Abgeordneten Bixio, der ihm seine Abtrünnigkeit von den Grundsätzen seiner Jugend heftig vorwarf. Er unterstützte aus Haß gegen Cavaignac, der ihm trotz seiner blutigen Niederwerfung des Juni-Aufstandes der Pariser Arbeiter viel zu republikanisch war, im Dezember 1848 die Bewerbung des Prinzen Louis Napoleon Bonaparte um die Präsidentschaft, vermutlich mit dem Hintergedanken, ihn zum Kaiser zu krönen, wie er 1830 den Herzog von Orleans zum König gekrönt hatte, trat ihm jedoch später als Gegner gegenüber, wie Napoleon immer behauptete, weil er ihm trotz der Begönnerung kein Ministerportefeuille angeboten hatte, und erfuhr nach dem Staatsstreich vom 3. Dezember 1851 das für einen unnachgiebigen Ordnungsmann mit weißer Halsbinde und Vatermörder sonderbare und ein wenig humoristische Abenteuer, wie ein roter Umstürzler ins Gefängnis von Mazas geworfen zu werden. Natürlich schlief er nicht lange auf dem feuchten Stroh des Kerkers. Nach seiner Haftentlassung zog er sich aber auf zwölf Jahre schmollend vom öffentlichen Leben zurück und benutzte seine würdige Muße zur Abfassung seiner »Geschichte des Konsulats und Kaiserreichs«, einer gleichwertigen Fortsetzung und Vollendung seiner »Geschichte der Umwälzung«.

Dem zweiten Kaiserreich blieb er bis zum Schluß ein unbestechlicher Kritiker. 1855 sagte er seinen Sturz und das Heraufkommen der Republik voraus. 1863 ließ er sich in die gesetzgebende Körperschaft wählen und die damals allmächtige Verwaltung bekämpfte seine Bewerbung nicht. Er wußte ihr dafür keinen Dank und hörte nicht auf, die Finanzen und besonders die auswärtige Politik Napoleons III. herb zu tadeln. Der Krieg für Italien, 1859, schien ihm eine Tollheit. 1866 forderte er nach Sadowa mit großer Heftigkeit Frankreichs bewaffnetes Eingreifen, nicht aus Wohlwollen für Österreich, sondern um Preußen zu schwächen. Er war ein Feind der Einigung Italiens und Deutschlands und wollte, daß Frankreich sie um jeden Preis verhindere. Das wurde ihm später als großes Verdienst und als Beweis seines staatsmännischen Weitblicks angerechnet. Es scheint mir im Gegenteil Kurzsichtigkeit zu bezeugen. Bei wirklicher Voraussicht hätte es ihm nicht entgehen können, daß die nationale Bewegung in Italien und Deutschland ein Naturvorgang war, den der Mißgunst der Nachbarn verzögern, doch nicht dauernd aufhalten konnte und der sich gegen jedes Hindernis durchsetzen mußte. Eine weise Staatskunst hätte ihre Bemühung dahin gerichtet, daß die doch nicht zu vereitelnde Einigung der Nachbarvölker sich nicht gegen Frankreich vollziehe, daß das neue starke Italien und Deutschland Frankreichs Freunde, vielleicht Verbündete werden. Thiers’ Politik machte sie zu Feinden Frankreichs und bereitete ihm schwere Niederlagen. Hier sah Napoleon III. klarer als sein Gegner, der sich ihm weit überlegen glaubte. Er begünstigte die Einheitsbestrebungen Italiens und Deutschlands, nur war er nicht beharrlich und verdarb mit einem schlechten Abschluß die ganze voraufgegangene Arbeit.

Im Juli 1870 war Thiers einer der sehr wenigen Volksvertreter, die sich dem Kriege mit Deutschland widersetzten. Es gehörte sittlicher Heldenmut dazu, sich dem entfesselten Strom des Chauvinismus entgegenzuwerfen, aber er besaß ihn. Er sah da klar, wo die ungeheure Mehrheit verblendet war. Er wußte, daß es Frankreich an allem fehlte, und er setzte alles, was er an Volkstümlichkeit und Ansehen besaß, unbedenklich aufs Spiel, um sein Vaterland von dem Sprung in den Abgrund zurückzuhalten. Man ersparte ihm den Vorwurf der Feigheit, ja des Verrates nicht, und die öffentliche Meinung war derartig gegen ihn aufgebracht, daß die Menge vor sein Haus zog und es mit gewaltsamem Einbruch bedrohte. Sie lernte bei dieser Gelegenheit den Weg zu seinem Heim an der Place St. Georges, den sie bald wieder einschlagen sollte, um es in blinder Raserei dem Boden gleichzumachen.

Schon nach wenigen Wochen verwirklichten die Ereignisse seine verzweifeltsten Weissagungen. Gambetta und seine Mitarbeiter luden ihn am 4. September dringend ein, an der einstweiligen Regierung teilzunehmen. Das lehnte er ab, obschon die Einsetzung dieser Regierung in seinen Augen keine Umwälzung war, sondern eine rechtmäßige Vorsorge in einem Augenblicke, wo durch das Verschwinden des Kaiserreiches die oberste Staatsleitung erledigt war. Er bedachte sich denn auch nicht, von der Regierung der Landesverteidigung, in die er nicht hatte eintreten wollen, Sendungen anzunehmen. Er unterhandelte im Oktober mit dem Grafen Bismarck erfolglos wegen eines Waffenstillstandes und machte bald darauf eine seltsame, man möchte sagen romantische Reise nach London, St. Petersburg, Wien und Florenz, um sich über die Gesinnungen der Mächte für Frankreich zu unterrichten, vielleicht ein nützliches Eingreifen zu veranlassen. Überall wurde er mit der größten Achtung und Rücksicht aufgenommen, überall mit verbindlichen Worten abgespeist. Das konnte nicht anders sein und man muß sich nur wundern, daß ein Mann seines Alters, seiner Vergangenheit, seiner Erfahrung sich herbeiließ, einen entweder so verschwommenen oder so aussichtslosen Auftrag zu übernehmen, wie mit fremden Ministern Plauderstündchen abzuhalten oder mit leeren Händen vor sie hinzutreten und sie um Dienste anzugehen, die man in der Weltpolitik nicht gewöhnt ist, aus reiner Gefälligkeit zu erweisen.

Nach Sedan hielt er es für unmöglich, noch eine Frankreich günstige Wendung herbeizuführen, er verlangte laut den Frieden und schalt Gambetta, dessen Zuversicht unerschüttert blieb und der den Krieg bis aufs äußerste predigte, einen Tobsüchtigen. Er hatte den Schmerz, wieder recht zu behalten. Paris übergab sich, Jules Favre unterschrieb einen Waffenstillstand, der bereits die schweren Friedensbedingungen vorschattete, und das Land wählte am 8. Februar 1871 die Nationalversammlung, die im Namen des souveränen Volkes den Frieden schließen sollte. Die Wahlen waren ein hastiger Stegreifvorgang zwischen Trümmern. Die deutschen Truppen hielten die Hälfte Frankreichs besetzt. In 43 Departements gab es keine Postverbindung. Den Wählern blieb keine Zeit, sich die Männer anzusehen, denen sie durch ihre Stimmzettel ihr Vertrauen ausdrückten. Es wurde eine Vertretung bestellt, die fast durchweg aus neuen, unerprobten Männern bestand, aus Provinzlern, »ruraux«, von örtlichem Ansehn, denen man nur einen deutlichen Auftrag mitgab: dem Krieg um jeden Preis ein Ende zu machen. Thiers wurde in 26 Departements gewählt. Es war beinahe ein Plebiszit auf seinen Namen. Die in Bordeaux zusammentretende Versammlung verstand die Stimme des Landes und wählte ihn zum »Oberhaupt der vollziehenden Gewalt der Französischen Republik«. Die Versammlung zählte gegen 450 Monarchisten, 200 Republikaner und etwa 30 Bonapartisten. Vor ihr lag freie Bahn. Gambetta war am 5. Februar von der Regierung zurückgetreten, weil die in Paris zurückgebliebenen Minister seine eigenmächtige Verordnung für ungültig erklärt hatten, welche den Ministern, Senatoren, Staatsräten und offiziellen Kandidaten des Kaiserreichs die Wählbarkeit aberkannte. Frankreich hatte tatsächlich keine Staatsleitung und die Versammlung konnte eine solche nach ihrem Belieben einsetzen. Bei ihrer Zusammensetzung schien es unzweifelhaft, daß sie ohne Zögern den Grafen von Chambord als rechtmäßigen König aus der Verbannung heimberufen würde. Zu diesem Entschluß fehlte ihr jedoch der Mut und die Kraft. Die einen schwankten zwischen dem Enkel Karls X. und dem Ludwig Philipps I., die beide Erbrechte geltend machen konnten, die anderen hielten es für geboten, mit der Aufrichtung des Thrones bis zur

Herstellung geordneter Zustände zu warten, denn sie wollten nicht, daß der König seine Herrschaft mit Unterzeichnung eines fürchterlichen Friedensvertrages beginne, der zwei Provinzen preisgebe und in eine fast die Verblutung bedeutende Schätzung einwillige, daß er einen alsbald ausbrechenden Aufstand mit Waffengewalt zu unterdrücken habe, daß er sich aufs neue der Stichelrede aussetze, die seinen Großoheim verfolgt hatte, daß er nämlich in den Gepäckwagen des Feindesheeres nach Frankreich zurückgeführt worden sei. Sie schlössen daher gern mit Thiers den sogenannten Pakt von Bordeaux, in dem sie übereinkamen, die Frage der Regierungsform einstweilen ruhen zu lassen und nur an der Wiederaufrichtung Frankreichs zu arbeiten.

Ob Thiers aufrichtig war, als er den Pakt von Bordeaux einging, mag dahingestellt bleiben. Jedenfalls handelte er, als hätte er seine Unausführbarkeit in der Praxis sofort erkannt. Die Versammlung wollte ihn nur zum »Oberhaupt der vollziehenden Gewalt« wählen. Thiers bestand jedoch darauf, daß hinzugefügt werde: »der Französischen Republik«, und warf der murrenden und sich sperrenden Versammlung in einer peitschenden Rede vor, sie »wage nicht, sich selbst die Regierung einzugestehen, die sie sich doch gegeben habe«. Sie gab widerwillig nach, doch von diesem Tage, dem 17. Februar 1871, ab standen Thiers und die Nationalversammlung einander wie ein Bändiger und ein Rudel Raubtiere gegenüber, die sich vor dem Blick, der Stimme, der Faust des Mannes ducken, jedoch auf den Augenblick lauern, wo sie sich auf ihn stürzen und ihn zerreißen können.

Thiers fand Frankreich in einem Zustand vor, der auch die stärkste Seele entmutigen konnte. Im Lande schaltete der fremde Sieger als Herr, das Heer befand sich ungefähr vollständig in der Gefangenschaft, die Staatskassen waren leer, die Verwaltung so gut wie aufgelöst, Parteiung zerklüftete das Volk, aus Paris hörte man unterirdischen Donner wie von einem Vulkan vor dem Ausbruch und der Süden verriet eine nicht für möglich gehaltene Neigung, die Staatseinheit zu sprengen und sich vom geschichtlichen Frankreich loszureißen. Aber diese furchtbare Lage machte Thiers nicht bange. Er wuchs zu der Größe, die der Augenblick forderte. »Ich habe«, schrieb er später an den Grafen von St. Vallier seinen Vertreter beim Höchstbefehlenden des deutschen Besatzungsheeres in Nancy, von Manteuffel, »meine politische Aufgabe darauf beschränkt, Frankreich wieder einzurichten. Vor allem der Friede; dann die Wiederherstellung der Ordnung, das Gleichgewicht in den Finanzen, die Neuschaffung des Heeres.« Diese Aufgabe war so gewaltig, daß der Mann, der sie nicht nur unerschrocken unternahm, sondern auch unerhört rasch und glücklich löste, zu den höchsten Gestalten aller Zeiten und Länder gezählt werden muß.

Sein erstes war, den Frieden mit Deutschland zu schließen. Er konnte den Vorfrieden am 26. Februar 1871 unterzeichnen. Um dieses Ziel zu erreichen, hatte er sich die schwersten Opfer abgerungen: die Abtretung von Elsaß-Lothringen, von dem er wenigstens Belfort rettete, die Bezahlung von 5 Milliarden, die die ersten Finanzleute Europas für unmöglich erklärten, nachdem er eine sechste abgehandelt hatte, den Einzug des Siegers in Paris, den er immerhin auf einen engen Bezirk die Seine entlang bis zum Louvre einschränken konnte. Er hatte gegen heftiges Mißtrauen Deutschlands zu kämpfen. Graf Bismarck hatte in einem Runderlaß vom 13. September 1870 die Überzeugung ausgedrückt, daß »Frankreich, um seine Niederlage zu rächen, uns wieder angreifen wird, sowie es sich, sei es allein, sei es im Verein mit einem Bundesgenossen, dazu stark genug fühlt.« Thiers war zu klug und schätzte seinen Gegner geistig zu hoch ein, um zu versuchen, ihn mit heuchlerischen Beteuerungen einzulullen. Er sagte dem ersten Botschafter des Kaisers Wilhelm in Paris nach dem Friedensschluß, Grafen Arnim, in einem Gespräch über die künftige Gestaltung der deutsch-französischen Beziehungen: »Wir wollen einen langen Frieden. Doch nach vielen Jahren, wenn Deutschland einmal mit anderen Mächten im Streit liegt, kann Frankreich von ihm Entschädigungen verlangen, damit es seinen Beistand gewinne.« Einem Staatsmanne, der so ehrlich sein Zukunftsprogramm aufdeckte, durfte man trauen.

Während er mit Deutschland mühselig und peinlich verhandelte, zog im Innern ein furchtbares Unwetter herauf. Am 10. März 1871 beriet die Nationalversammlung über die Wegverlegung ihres Sitzes und desjenigen der Regierung von Bordeaux und verwarf grimmig den Gedanken der Rückkehr nach Paris, dem Herde »des organisierten Aufruhrs, der Hauptstadt des Umsturzgedankens, wo sie auf den Pflastersteinen der Barrikaden Platz nehmen müßte«; nach vielem Reden und Schwanken entschied sie sich für Versailles. Paris war über seine Absetzung vom Range der Hauptstadt empört. Es sah vom Pakt von Bordeaux die Republik bedroht. Es empfand den Einzug der deutschen Truppen als eine tödliche Beleidigung. Es befand sich in einer schweren wirtschaftlichen Not. Zwei- bis dreihunderttausend rüstige Männer, seit Monaten jeder Arbeit entwöhnt, hörten plötzlich auf, ihren Soldatensold von anderthalben Franken täglich zu erhalten; die Aufhebung des Moratoriums hatte zwischen dem 13. und 17. März 150 000 Wechselproteste in Paris allein zur Folge. Die Geister waren noch in der krankhaften Verfassung, die ein ausgezeichneter Irrenarzt unbedenklich als eine bestimmte Form der Geistesstörung ansprach und »Belagerungswahnsinn«, *folie obsidionale*, nannte. Der Befehl, der Nationalgarde die Geschütze wegzunehmen, die man ihr zugeteilt hatte, war der Funke, der in den aufgehäuften Sprengstoff schlug. Am 18. März brach der Kommune-Aufstand los, der mit der Ermordung der Generale Lecomte und Clément Thomas begann und in der letzten Maiwoche mit der Einäscherung der herrlichsten Baudenkmäler von Paris, dem Gemetzel der Geiseln, deren die Kommune sich bemächtigt hatte, und der Überschwemmung der Straßen mit einem Blutmeer endete.

Die Nationalversammlung, die Minister, ganz Frankreich verloren den Kopf, nur Thiers behielt den seinen. Er vereinigte die wenigen kläglichen Trümmer der Streitmacht, die ihm in den Händen blieben, zu einem Heere, er verlangte von Deutschland die vorzeitige Befreiung der Soldaten aus der Kriegsgefangenschaft und ihre schleunigste Rückbeförderung nach Frankreich, er bestellte den Marschall Mac Mahon zum Höchstbefehlenden, nahm aber an der Heeresleitung persönlich teil, hielt mit eiserner Faust in Marseille und Lyon drohende Versuche der Nachahmung des Pariser Beispiels nieder und war die Seele des energischen Angriffs auf die der Anarchie überlieferte Hauptstadt. Er wütete gegen die besiegten Empörer mit einer Grausamkeit, die vielleicht in diesem Maße nicht geboten war. Er widersetzte sich nicht genügend den Rachegelüsten der Nationalversammlung, die das überwundene Paris die Furcht büßen ließ, die es ihr eingejagt hatte. Aber als er am 29. Juni in Longchamps die Truppenschau über ein Heer von 120 000 Mann hielt, das in sechs Wochen einer harten Belagerung und erbitterter Straßenkämpfe, wenn auch gegen Mitbürger, wieder den Kopf hochhalten gelernt hatte, da war er sich bewußt, der Retter des Vaterlandes gewesen zu sein.

Kaum diesem furchtbaren Orkan entronnen, wandte er seine ganze Kraft daran, die fünf Milliarden, das Lösegeld der französischen Niederlagen, aufzubringen. Am 27. Juni schrieb er eine erste Anleihe für 2225 Millionen Franken fünfprozentiger Rente zum Kurse von 82 Franken 50 aus. 331 906 Zeichner boten ihm 4897 Millionen an – vier Wochen nach der Erstürmung des brennenden Paris! Ein Jahr später, am 29. Juli 1872, erfolgte die Ausgabe einer neuen Anleihe zur Vervollständigung der fünf Milliarden, diesmal zum besseren Kurse von 84 Franken 50. Sie wurde von 934 276 Zeichnern dreizehnmal gedeckt, Frankreich und das Ausland boten Thiers 43 Milliarden an. Nörgler haben getadelt, daß er zu teuer geborgt hatte. In der Tat, mit allen Kommissionen und Kosten stellte der Zinsfuß dieser Riesenanleihen sich auf 6,17 v. H. Aber der fabelhafte Erfolg der Operation berauschte Frankreich förmlich, erregte die Bewunderung der Welt, flößte den leitenden Kreisen Deutschlands Staunen und unwillkürliche Achtung ein, richtete das zermalmte Selbstbewußtsein des französischen Volkes wieder auf, offenbarte den Reichtum, die Elastizität, die Zukunftssicherheit Frankreichs, und derartige Ergebnisse waren mit dem hohen Preise der Anleihe nicht zu teuer bezahlt.

Das Gelingen des bis zur Verwegenheit kühnen finanziellen Unternehmens gestattete Frankreich, am 5. September 1873 die letzte Abschlagszahlung auf die Kriegsentschädigung zu leisten. Am 16. September verließ der letzte deutsche Soldat den französischen Boden, ein Jahr früher, als der Friedensvertrag vorgesehen hatte. Thiers hatte nicht nur das Land freigekauft, sondern auch alle sonstigen Kosten des Krieges und des Kommune-Aufstandes, einschließlich der fünf Milliarden rund 15,5 Milliarden, beglichen und im Staatshaushalt durch rücksichtslose Erschwerung der Steuerlast das Gleichgewicht annähernd hergestellt.

Dieses beispiellos schwierige Werk verwirklichte er gegen die härtesten und gefährlichsten Widerstände. Der bedenklichste ging vom Fürsten Bismarck aus, der angesichts der ernsten und eifrigen Arbeit Thiers' an der Erneuerung des französischen Heeres den Verdacht nicht los wurde, daß er einen Rachekrieg plane und vorbereite, und das Pfand nicht vorzeitig aus der Hand geben wollte, das die vom deutschen Heere besetzten französischen Departements darstellten. Es brachte ihn auch gegen Thiers auf, daß er ihn beargwöhnte, durch seine Berliner Vertreter, zuerst Gabriac, dann Gontaut-Biron, mit Hilfe der Kaiserin Augusta und anderer hoher Persönlichkeiten des Hofes unmittelbare Beziehungen zu Kaiser Wilhelm zu suchen und ihn umgehen zu wollen. Er ließ ihn sogar manchmal auch den Ärger entgelten, den sein Pariser Vertreter Arnim ihm mit seinen Ränken und seiner eigenmächtigen französisch-deutschen Politik bereitete. Es gelang Thiers, die Voreingenommenheiten des Fürsten Bismarck allmählich zu entwaffnen.

Weniger glücklich war er mit seinen Feinden in der Nationalversammlung. Sie war zweifellos nur gewählt worden, um den Frieden zu schließen. Hatte sie diese Aufgabe erfüllt, so wäre es ihre Pflicht gewesen, auseinander zu gehen und die Entscheidung über seine weiteren Geschicke in die Hände des französischen Volks zurückzulegen. Sie aber erklärte sich am 30. August 1871 für souverän und berechtigt, dem Lande eine Verfassung zu geben. Die große Mehrheit wollte die Monarchie wiederherstellen. Thiers hielt nur die Republik für möglich. Freilich eine Republik ohne Republikaner, eine Republik, die in eine undurchdringlich dicke Hülle von konservativer Watte eingewickelt ist. In sein erstes Ministerium hatte er die drei sicher genug blassen Republikaner Jules Favre, Jules Simon und General Le Flô berufen, sie jedoch der Reihe nach dem schlechten Willen der Versammlung geopfert. In seiner Botschaft vom 13. November 1872 sagte er: »Jede Regierung muß konservativ sein und keine Gesellschaft könnte unter einer Regierung leben, die es nicht wäre. Die Republik wird konservativ sein oder sie wird überhaupt nicht sein.« Und am 19. desselben Monats fügte er in einer Rede hinzu: »Ich bin ein Monarchist, der die Republik anwendet, weil man eben heute nichts anderes tun kann.« Das alles genügte nicht, um die Versammlung kirre zu machen. Sie verharrte in ihrer feindseligen Haltung gegen Thiers und er konnte sich nur behaupten, indem er immer wieder mit seiner Abdankung drohte. Das war eine richtige Erpressung, die bei jeder Wiederholung schwächer wirkte und schließlich ganz versagte. Die lange drohende Katastrophe trat am 24. Mai 1873 ein. Die Versammlung erklärte ihm aus einem vom Zaun gebrochenen nichtigen Anlaß, daß sie kein Vertrauen zu ihm habe und »eine entschlossen konservative Regierung fordere«, und Thiers trat sofort von der Präsidentschaft zurück, in der er auf Betreiben des Herzogs von Broglie, des Führers der Mehrheit und Urhebers seines Sturzes, durch den Marschall de Mac Mahon, Herzog von Magenta ersetzt wurde. Von diesem verhängnisvollen Tag an wurde der konservative Monarchist Thiers das natürliche Oberhaupt der radikalen Republikaner. Gambetta ließ ihm den Vortritt. Er befolgte seine Ratschläge in dem Kampfe gegen Mac Mahon und Broglie. Der Sieg der Republik über die Verschwörungen und Anschläge der Monarchisten war wesentlich Thiers' Werk, den nur sein plötzlicher Tod am 3. September 1877 hinderte, von neuem als Triumphator in das Elysée einzuziehen. In seinen letzten Jahren waren seine unvergleichlichen Verdienste vom ganzen Volk anerkannt worden. Selbst Paris hatte ihm seine Unerbittlichkeit gegen die Kommunekämpfer verziehen und bereitete ihm das Leichenbegängnis eines Vaters des Vaterlandes.

Seine Überzeugungen und noch mehr deren Wandlungen hatten ihm sein Leben lang viele Angriffe zugezogen, und er sagte später selbst von sich: »Ich bin ein alter Regenschirm, auf den es viel geregnet hat,« aber selbst seine erbittertsten Feinde räumten willig ein, daß sein Leben spiegelblank war. Er war nie interessiert und suchte nie materielle Vorteile. Als die Akademie ihm für seine »Geschichte des Kaiserreichs« ihren großen Preis von 20 000 Franken verlieh, weigerte er sich, auch nur einen Sou dieses Geldes für sich zu behalten, und stiftete für den ganzen Betrag einen Adolphe Thiers-Preis, dessen Zinsen die Akademie jährlich zu verteilen hat. Als während der Kommune die Aufständischen sein Haus niederrissen, konnte man ihn nur mit größter Mühe dazu bewegen, dem Beschluß der Nationalversammlung zuzustimmen, daß sein Heim auf Staatskosten wieder aufgebaut werde. Allerdings wurde ihm diese Selbstlosigkeit dadurch erleichtert, daß er Fräulein Dosne, die Tochter eines Großindustriellen, heiratete, die ihm eine Millionenmitgift zubrachte und ihn zugleich mit ihrer bei ihr wohnenden unverheirateten Schwester bis an ihren Tod wie einen Abgott verehrte.

Nach seiner ersten Begegnung mit Bismarck urteilte dieser, wie wir von Moritz Busch erfahren, daß er etwas sehr redselig sei und sich verblüffen lasse. Bismarck wird wohl in der Folge dieses etwas rasche Urteil berichtigt haben. Er hätte sonst schwerlich dem Botschafter Gontaut-Biron gegenüber Thiers lächelnd »Adolf I.« genannt. Kaiser Wilhelm I. hatte von ihm eine hohe Meinung. Wie Manteuffel St. Vallier erzählte und dieser Thiers berichtete, sagte der Kaiser zum Feldmarschall: »Dieser Mann ist eine wahre Sirene. Er ist so geschickt und so klug, daß mein Geist sich daran gewöhnt, das Wort Republik, das mir bisher ein Greuel war, nicht mehr zu verabscheuen. Wenn er mir seine Unsterblichkeit in der Leitung der Staatsgeschäfte verbürgen könnte, würde er mich zu einem Republikaner machen.«

Er war geistsprühend und scharfsinnig und hatte einen Falkenblick für alles, was innerhalb seines Gesichtskreises lag; nur war dieser Gesichtskreis etwas eng und schloß namentlich wenig Zukunft in sich. Ich habe gezeigt, wie unzulänglich sein Urteil über die Entwicklung des deutschen und italienischen Nationalstaates war. Als in den dreißiger Jahren die ersten Eisenbahnen in Frankreich gebaut werden sollten, verhielt er sich ablehnend und nannte sie »ein Modespielzeug, an das nach wenigen Jahren niemand mehr denken würde«. Er widersetzte sich der Einführung des Hinterladers in die Bewaffnung des französischen Heeres, weil »dieses Gewehr nur zu einer Vergeudung der Munition verleiten würde«. Er bekämpfte als Präsident der Republik mit seinem ganzen Ansehn und Einfluß die allgemeine Wehrpflicht und den preußischen Gedanken des Volks in Waffen, wollte durchaus ein Berufsheer mit siebenjähriger Dienstzeit und konnte nur mit äußerster Anstrengung dahin gebracht werden, daß er sich zur Zulassung einer fünfjährigen Dienstzeit bequemte. Einer Einsicht aber erschloß er sich dennoch: daß Frankreich nur noch republikanisch regiert werden könne.

Thiers war selbstbewußt, doch nicht eitel. Er hatte Ehrgeiz, doch keine Streberei. Seine kleine Schwäche war, sich für einen großen Feldherrn zu halten, weil er für seine Geschichte die Feldzüge Napoleons eingehend studiert, in ihnen gelebt, an ihnen Kritik geübt hatte, und man konnte über ihn lächeln, wenn er während der Erstürmung von Paris auf dem Trocadéro neben Mac Mahon stand und in der Haltung Napoleons, eine Hand hinter dem Rücken, mit der andern das Fernrohr vor das Auge haltend, das Vorgehen der Truppen beobachtete. Wenn aber der kleine Mann vor dem pommerschen Recken Bismarck, dem er etwa bis zur Magengrube reichte, stand und sich gegen ihn behauptete, wenn er der entfesselten Nationalversammlung die Stirne bot, wenn er im Juni 1871 mit tränenumflorten Augen über die Goldeinfassung seiner Brille hinweg auf das an ihm vorüberziehende Heer, seine teuerste Schöpfung, blickte, während sein bartloses Gesicht zu einer römischen Imperatorenmaske erstarrte, dann lächelte niemand, sondern jeder empfand, daß dieser kleine Mann ein Großer war, der Großes gewirkt hatte.

Mac Mahon

Beim Ausbruch des Kommune-Aufstandes wurde der Marschall Mac Mahon aus der deutschen Kriegsgefangenschaft entlassen. Er begab sich nach Versailles, um sich dem Präsidenten Thiers vorzustellen. Dieser teilte ihm mit, daß er ihn für den Kampf gegen Paris zum Befehlshaber des Regierungsheeres ernennen wolle. »Aber ich bin ein Besiegter,« stammelte der Marschall überrascht. »Wir sind alle Besiegte,« erwiderte der Präsident und drückte ihm die Hand. So gab Thiers Mac Mahon Gelegenheit, sein militärisches Ansehen wiederzugewinnen, das er bei Sedan gelassen hatte.

Thiers rechnete trotz seiner Menschenkenntnis auf einige Dankbarkeit für diesen Dienst. Vor der Krise des 24. Mai, die er kommen sah, besprach er mit politischen Freunden die Lage und fragte sie, wen die feindliche Mehrheit an seine Stelle setzen könnte. Man nannte Mac Mahon. »Mac Mahon wird niemals annehmen,« bemerkte der Präsident schroff. Mac Mahon nahm jedoch sofort an, ohne auch nur fünf Minuten Bedenkzeit zu verlangen. Der Vorsitzende der Nationalversammlung Buffet sprach zwar in seiner Mitteilung an sie am Abend des 24. Mai von den »Bedenken, Einwänden und Widerständen«, die der *illustre maréchal* der ihm seine Wahl ankündigenden Abordnung entgegengesetzt habe, fügte jedoch hinzu, eine »kräftige Anrufung seiner Opferwilligkeit und Hingabe an das Land habe genügt, um ihn zur Annahme zu bestimmen«. So wurde Mac Mahon Staatsoberhaupt dank der neuen Jungfräulichkeit, die Thiers ihm bereitet hatte. Hätte er nicht an der Spitze des Paris angreifenden Heeres gestanden, niemand wäre auf ihn verfallen. Denn er hatte keinerlei politische Vergangenheit und war immer nur Soldat gewesen. Als solcher hatte er allen Regierungen gedient, die einander seit dem Sturze Napoleons I. in Frankreich gefolgt waren, und er sagte von sich: »Ich habe alle mit Bedauern fallen sehen, nur eine einzige nicht – die meine.« Auch als Soldat hatte er sich nie durch Selbständigkeit hervorgetan, sondern immer nur die Tugend der Untergeordneten geübt: den Gehorsam. Nach den Augustkämpfen 1870 wollte er nach Paris marschieren. Palikao schrieb ihm im Namen der Kaiserin-Regentin den verhängnisvollen Zug nach Sedan vor. Er hatte die klare Erkenntnis, daß er dem Verderben entgegenging, und zögerte unter schmerzlichen Zweifeln. Seine Generalstabsoffiziere beschworen ihn, bei seiner ursprünglichen Absicht zu bleiben. Er entschied jedoch: »Befehl ist Befehl« und führte sein unglückliches Heer in den Kessel von Sedan. Jahre vorher hatte Marschall Bugeaud, als davon die Rede war, Mac Mahon zum Statthalter von Algerien zu ernennen, über ihn geurteilt: »Ich glaube, er ist ein ausgezeichneter Feldoffizier, sehr militärisch, sehr entschlossen; ich glaube aber nicht, daß er die nötige Weite des Geistes besitzt, um Europäer und Araber zu regieren.« Diese Weite des Geistes, die er 1852 nicht besaß, hatte er sicherlich auch 1873 nicht erworben. Gleichwohl wurde er dazu berufen, das französische Volk zu regieren.

Mac Mahon, dessen Vorname Patrice (Patrick) an seine Abstammung erinnert, war der Sprößling einer irischen Familie, die mit Jakob II. nach Frankreich kam. 1749 erlangte sein Ahnherr die französische Anerkennung seines irischen Adels. In diesem Zug liegt echt irischer Humor. Einen Adelstitel, der nach britischem Gesetz gültig ist, besaß die Familie in ihrer Heimat nicht. Jeder Ire ist jedoch überzeugt, der Nachkomme keltischer Könige zu sein, und diese Überzeugung scheint die einzige Begründung der Adelsansprüche der französischen Mac Mahons gewesen zu sein, deren Stammvater den ehrenhaften Beruf eines Apothekers ausübte, sich indes durch eine vorteilhafte Ehe mit einer französischen Witwe von vornehmer Geburt mit der französischen Aristokratie versippte. Patrice de Mac Mahon wurde 1808 als der Sohn eines Generalleutnants geboren, trat früh in das Heer ein, erhielt sein erstes Offizierspatent von Karl X. und war nach zwanzigjährigem Dienst in Algerien mit vierzig Jahren General. Nach seinen Familienüberlieferungen, die seine Erziehung und sein Gefühl bestimmten, war er Legitimist, und auf die Nachricht von der Juli-Revolution, die ihn in Afrika erreichte, war seine erste Bewegung, den Abschied zu nehmen. Er überlegte sich die Sache indes und diente auch unter dem Bürgerkönigtum weiter. Die Februar-Revolution und der Staatsstreich Napoleons störten ihn nicht mehr; er hatte sich bereits an Regierungswechsel gewöhnt.

Der Krimkrieg trug zuerst seinen Namen in weite Kreise. Er führte seine Brigade zum Sturm auf den Malakoffturm (eigentlich müßte der russische Name deutsch Malachow geschrieben werden, aber die französische Umschreibung ist allgemein angenommen worden) und nahm die Stellung. Er war da russischem Kreuzfeuer ausgesetzt, gegen das er keine Deckung hatte und das ihm schwere Verluste beibrachte. Im Hauptquartier erfuhr man überdies, daß der Turm unterminiert sei und jeden Augenblick auffliegen könne. Pelissier ließ ihm durch einen Adjutanten sagen, er solle sich doch zurückziehen. Mac Mahon aber erwiderte: Hier bin ich, hier bleib' ich«; »j'y suis, j'y reste«. Das war wenigstens die Lesart, die sich sofort verbreitete, die sich dauernd erhielt und die ihren angeblichen Urheber volkstümlich machte. Sie wurde später von Zeugen bestritten und Mac Mahon selbst erwiderte auf Befragen, die Worte drückten seinen damaligen Gedanken aus, doch werde er sie schwerlich so gebraucht haben, da es nicht seine Art sei, Epigramme zu spitzen. Diese bescheidene Selbsteinschätzung ist so sympathisch, daß man ihm ihr zuliebe das geflügelte Wort gutschreiben mag. Der Lohn seiner Tapferkeit und vielleicht noch mehr des ihm zugeschriebenen spartanischen Ausrufs war das Großkreuz der Ehrenlegion und seine Ernennung zum Senator.

Im Italienischen Krieg 1859 erhielt er die Führung des 2. Armeekorps. Seine besten Freunde haben ihm nie militärisches Genie nachgesagt. Aber er hatte, was ein so berufener Beurteiler wie Napoleon I. an einem General höher schätzte als militärisches Genie: er hatte Glück. Am 4. Juni, am Tage von Magenta, hörte er Kanonendonner. Er wartete weder auf Befehle noch auf umständliche Aufklärung, sondern beeilte sich, der bewährtesten Kriegsregel folgend, nach der Kanone hin zu marschieren. Er kam gerade zurecht, um den Kaiser Napoleon III. und sein Gardekorps, die vollständig umzingelt waren, vor der Gefangennahme und das Heer vor der zermalmenden Niederlage zu retten. Wie groß die Angst des Kaisers gewesen sein mußte, erhellt aus der Eile, mit der er wenige Stunden nach der Schlacht seinen Befreier zum Marschall von Frankreich und Herzog von Magenta beförderte. Es ist bezeichnend für dessen Geistesart, daß er die Drahtung, in der er seiner Gattin das große Ereignis mitteilte, »Malakoff« unterzeichnete. Er glaubte seinen neuen Titel unterschrieben zu haben und verwechselte in der Zerstreuung den italienischen mit dem russischen Kampfplatz.

Der Kaiser bewahrte seinem neuen Marschall und Herzog dauernde Dankbarkeit und ehrte ihn unter anderm mit dem Auftrag, ihn 1861 als seinen Botschafter bei der Krönung von Wilhelm l. in Königsberg zu vertreten, wo man sich allseitig lebhaft für ihn interessierte. Er ernannte ihn auch zum Statthalter von Algerien, wo er indes sehr schlecht abschnitt. Obschon er die Presse knebelte und jede öffentliche Äußerung der Unzufriedenheit mit Härte unterdrückte, konnte er doch nicht verhindern, daß die Erbitterung der Franzosen und Araber über seine plumpe und törichte Säbelherrschaft in Paris bekannt wurde und seine Abrufung erzwang.

Beim Ausbruch des 1870er Krieges erhielt er den Befehl über das I. Armeekorps der Rheinarmee. Es war ihm beschieden, am 4. und 6. August bei Weißenburg und bei Wörth die Reihe der französischen Niederlagen zu eröffnen, die bis zum Ende des Feldzuges nicht aufhören sollte. Mit den Trümmern seines geschlagenen Heeres wich er nach Chalons zurück, und es zeigt, wie arm an Männern das Kaiserreich war, daß Napoleon III. diesem Besiegten die dort versammelten 120 000 Mann, seine letzte Hoffnung nach der Einschließung von Bazaine in Metz, anvertraute. Für sein Land und sein Heer wollte sein altes Glück nichts mehr tun; für ihn selbst hatte es bei Sedan noch eine Bewegung des Mitleides. Er wurde am 1. September, als er seine Stellungen abritt, von einem Granatsplitter verwundet und mußte, oder durfte, den Befehl an General Ducrot abgeben, wodurch ihm der Schmerz erspart wurde, seinen Namen unter die Waffenstreckung der Armee zu setzen.

Im März 1871 geheilt aus der deutschen Kriegsgefangenschaft entlassen und von Thiers an die Spitze des gegen das aufständische Paris aufgebotenen Heeres gestellt, gelangte er nach der erfolgreichen Lösung seiner militärischen Aufgabe zu einer neuen Volkstümlichkeit, zu der das überschwengliche Lob der Rückschrittspresse sehr wesentlich beitrug. Das Losungswort, eine Heldensage für ihn zu erfinden, ging von den Führern der Monarchisten in der Nationalversammlung, in erster Reihe vom Herzog Albert von Broglie, aus, der in ihm ein brauchbares Werkzeug für seine Pläne sah.

Die Nationalversammlung vom 8. Februar 1871 war die Herrin der Geschicke Frankreichs. Sie war so überwiegend monarchistisch, daß ihre republikanische Minderheit vernachlässigt werden konnte. Ihre natürliche Absicht war, den Grafen von Chambord zum König Heinrich V. auszurufen. Sie scheiterte indes an ihrer inneren Zerklüftung und an dem Charakter des Grafen von Chambord. Die reinen Legitimisten, die nicht zugaben, daß die Heimkehr des Königs aus der Fremde an irgendeine Bedingung geknüpft werde, waren für sich allein nicht die Mehrheit. Zu dieser wurden sie erst im Verein mit den minder altertümlichen Monarchisten, die dem Bürgerkönigtum ein zärtliches Andenken bewahrten, und zwar gleichfalls einen König wünschten, doch einen König, der seiner Zeit, seinem Volke, der Geschichte Zugeständnisse machte und sich nicht der Selbsttäuschung hingab, er könne eine einfache Fortsetzung Ludwigs XIV. sein und alles, was sich seit 1789 ereignet hatte, als ungeschehen betrachten. Da sie diese Zugeständnisse nicht vom König erlangen konnten, versagten sie den »Chevauxlégers«, wie man die unbedingten Legitimisten nannte, ihre Heerfolge, und diese Spaltung verurteilte die Mehrheit zur Ohnmacht.

Der Graf von Chambord erscheint in der Geschichte Frankreichs wie eine sinnbildliche Gestalt in der Glasmalerei eines gotischen Kirchenfensters, in ihren Umrissen schematisch vereinfacht, groß, ein wenig steif, von alten, geheimnisvoll leuchtenden Vollfarben. Er tat sein Leben lang grundsätzlich nichts, und es fügte sich, daß dieses methodische Nichtstun eine bedeutsame Tat war. Er weilte fern von Frankreich, ohne irgendeine Berührung mit dem französischen Volke, und er gab dennoch dessen Geschicken eine entscheidende Wendung.

Heinrich von Bourbon wurde bei seiner Geburt im Jahre 1820 »das Wunderkind« genannt, denn er kam einige Monate nach der Ermordung seines Vaters, des einzigen Sohnes Karls X., zur Welt, als jedermann glauben mußte, die gerade Linie der französischen Bourbonen sei zum Aussterben verurteilt und die Krone werde auf den Sohn des verhaßten Philippe Egalité übergehen, da der spanische Zweig durch den Pyrenäen-Vertrag von der Erbfolge in Frankreich ausgeschlossen war. Das junge grüne Reis, das dem bereits für tot gehaltenen alten Stamm entsproß, wurde von den Königstreuen als die Verheißung einer neuen Zukunft jubelnd begrüßt. Bei seiner Geburt erhielt er von seinem Großoheim Ludwig XVIII. den Titel eines Herzogs von Bordeaux und später den eines Grafen von Chambord, zur Erinnerung daran, daß die Anhänger des Königshauses durch eine mehr oder minder freiwillige öffentliche Sammlung mehrere Millionen aufgebracht, dafür das geschichtliche Schloß Chambord mit ansehnlichem Grundbesitz gekauft und dem Neugeborenen als Wiegengeschenk gestiftet hatten. Der Prinz hatte in der Folge den Herzenstakt, sich immer nur Graf von Chambord zu nennen, um zu zeigen, wie dankbar er seinen Getreuen für den Beweis ihrer Ergebenheit und Liebe immer geblieben sei.

Er ging nach der Juli-Umwälzung mit seinem Großvater in die Verbannung nach Österreich, dessen Gast er bis zu seinem Tode war. Man trennte ihn früh von seiner geistvollen und energischen Mutter, der Herzogin von Berry, die wegen ihres Wandels und ihrer Abenteuer von der Familie stillschweigend in Acht getan wurde, und vertraute seine Erziehung hochgebildeten und milden, doch vollständig mittelalterlichen Geistlichen an, aus deren Händen er als ein verblüffender lebender Anachronismus hervorging: gütig, tugendhaft, ritterlich, geistig geweckt, vielseitig und gründlich unterrichtet, doch fromm und der Kirche ergeben wie sein Vorfahr Ludwig der Heilige, unerschütterlich überzeugt, daß er sein Königsrecht und seine Herrschersendung von Gott selbst habe, und gegen alle Gedanken der Zeit hermetisch verschlossen. Er heiratete eine Prinzessin von Modena, Erzherzogin von Österreich, die von ihrer Tante, einer Tochter der unglücklichen Königin Marie Antoinette, erzogen war und von ihr das Grauen vor der Umwälzung überkommen hatte. Sie war um drei Jahre älter als ihr Gatte und durch einen Kindheitsunfall war ihr eine Gesichtshälfte tief entstellt. Ihr unglückliches Äußeres glichen jedoch Herzenseigenschaften aus, ihre Ehe war rein und harmonisch und nur durch ihren Schmerz über ihre Kinderlosigkeit getrübt. Sie teilte alle Anschauungen ihres Gatten und bestärkte ihn in ihnen. Vielfach wurde behauptet, sie habe ihren Gatten abgehalten, sich ernstlich um die Wiederaufrichtung des Thrones seiner Väter zu bemühen. Dies ist ein bloßer theoretischer Schluß aus ihrer bekannten Geistesverfassung. Ihre Kindheit war mit Schreckbildern der Pikenmänner, der Strumpfstrickerinnen, des Tempelgefängnisses, der Conciergerie, des Fallbeiles genährt worden, das französische Volk flößte ihr Angst ein und vor Paris schauderte ihr. Aber auf den Grafen von Chambord färbte das nicht ab. Er liebte sein französisches Volk immer wie ein zärtlicher Vater sein schwer krankes delirierendes Kind, und es ist auch nicht richtig, daß er die Herrschaft nicht antreten wollte. Er tat, was er für zulässig hielt, um sich die erdrückende Last der Königskrone aufs Haupt zu setzen, aber dies durfte allerdings nur unter ehrenvollen Bedingungen geschehen. Er war kein Abenteurer, der mit zweifelhaften Mitteln seinen Erfolg erzwingen will, nicht einmal ein Prätendent, dem Verschwörungen und Zettelungen sein Reich wiedergeben sollen. Er war vor Gott, der Welt und sich selbst der rechtmäßige König, und seine Würde gebot ihm, gefaßt zu warten, bis Frankreich sich zerknirscht und reuig seiner erinnern und ihn anflehen würde, gütig verzeihend in die Mitte seines verwaisten Volkes zurückzukehren.

Beim Tode seines Großvaters 1844 zeigte er den Mächten seinen Regierungsantritt an und fügte hinzu: »Ich will jedoch meine Rechte erst ausüben, wenn nach meiner Überzeugung die Vorsehung mich berufen wird, Frankreich wahrhaft nützlich zu sein.« Nach dem Sturz des

Kaiserreichs, nach der Wahl der Nationalversammlung mit ihrer gewaltigen monarchistischen Mehrheit, schien dieser Augenblick gekommen. Die Orleanisten wollten jedoch zuerst vorsichtig das Gelände abtasten, um zu wissen, ob der König als Selbstherrscher oder verfassungsmäßig regieren wolle. Chambord erließ verletzt am 6. Juli 1871 ein Manifest, um zu erklären, daß er sich »keinen Bedingungen zu fügen habe und Frankreich nicht das Opfer seiner Ehre bringen werde«. Das machte die Orleanisten bedenklich, sie traten beiseite, und die Heimberufung Chambords unterblieb vorerst. Die Mehrheit wollte nun, um späteren Entwicklungen nicht vorzugreifen, ein Provisorium schaffen, den Herzog von Aumale, den Sohn Ludwig Philipps und Oheim des orleanistischen Thronerben Grafen von Paris, zum Präsidenten der vollziehenden Gewalt ernennen. General Trochu reiste im Januar 1872 zu Chambord nach Antwerpen, wo er sich aufhielt und die Ereignisse abwartete, und tat einen Kniefall vor ihm, um seine Einwilligung zum Plan seiner Anhänger zu erlangen. Chambord erwiderte schroff: »Ich gebe nicht zu, daß ein Prinz von Geblüt sich außerhalb der Umgebung seines Königs bewege.« Und kaum war Trochu gegangen, als er ein neues Manifest ausgab, worin er sagte: »Ich werde niemals verzichten und niemals einwilligen, der rechtmäßige König der Revolution zu werden.«

Immerhin milderte sich seine Unnachgiebigkeit ein wenig, und er ließ sich wenigstens herbei, mit dem Abgesandten der Mehrheit Chesnelong über seine Regierungsgrundsätze zu reden. Er versprach eine Verfassung, er gewährte eine Volksvertretung, er wollte nichts von Standesvorrechten wissen und meinte, er werde ohne Zweifel seine gewohnte Umgebung verstimmen, da er seine Ratgeber nicht aus ihrer Mitte wählen werde. Unerschütterlich jedoch blieb er in einem Punkte: er wollte nach Frankreich nur mit seiner weißen Fahne, der Fahne Heinrichs IV., zurückkehren und um keinen Preis das Dreifarbenbanner annehmen, das für ihn das unverschämte Abzeichen der Umwälzung war. Die weiße Fahne war nur ein Sinnbild. Aber er selbst war ja auch nichts anderes. Mit einer selbstironisierenden Anspielung auf sein Hinken, das ihm von einem Sturz vom Pferde geblieben war, sagte er: »Ich bin entweder das Heil oder ein dicker Lahmer.« Und ein andermal: »Ich bin ein Grundsatz. Verleugne ich mich, dann bin ich nur ein fetter krummer Mann.« Der Herzog von Broglie, im Herzen ein Orleanist, erkannte einerseits die Unmöglichkeit, Frankreich die weiße Fahne aufzunötigen, und war andererseits entschlossen, die Aufrichtung der Republik zu verhindern. Er setzte also einen weit ausgreifenden Plan ins Werk. Er sammelte die Legitimisten und Orleanisten, stürzte am 24. Mai 1873 Thiers und machte Mac Mahon zum Präsidenten, damit er, da der Herzog von Aumale es nicht tun durfte, den Platz hüte, bis ein König ihn von seinem Posten abberufen würde. Broglie wußte, daß dieser König nicht Heinrich V. sein könne. Mac Mahon, trotz seiner unverfälscht legitimistischen Gesinnung, wußte es auch. Als man ihn fragte, wie das Heer die weiße Fahne aufnehmen würde, erwiderte er: »Bei ihrem Anblick würden die Chassepots von selbst losgehen.« In Ermangelung Heinrichs V. war Ludwig Philipp II., das heißt der Graf von Paris, der Mann der Vorsehung. Seit er am 5. August 1873, umgeben von seinen Oheimen, dem Grafen von Chambord auf seinem Landschloß in Frohsdorf gehuldigt, die Juli-Revolution und seinen Vater, wenn auch nicht ausdrücklich, verleugnet und das ausschließliche, gottgewollte, heilige Erbrecht des Oberhauptes seines Hauses anerkannt hatte, war er der Dauphin, der nur zu warten hatte, um im rechtmäßigen Erbgang der König aller Monarchisten zu werden. Die Lösung aller Schwierigkeiten sollte der Tod Chambords bringen. Das durfte man nicht roh aussprechen, aber alle Welt verstand den Gedanken Broglies, als er zuerst der Amtsdauer Mac Mahons gar keine Grenzen vorherbestimmen, dann ihr ein zehnjähriges Ziel setzen wollte und sich nur nach hartem Widerstand zur Annahme einer siebenjährigen Dauer bequemte, auch dann aber mit der Kraft der Verzweiflung dagegen ankämpfte, daß man das Septennat aus einem persönlichen Verhältnis Mac Mahons in eine Einrichtung des öffentlichen Rechts umwandle. Was Broglie wollte, das war, daß Mac Mahon die Ausrufung der Republik verhindere, jedoch in dem Augenblick freiwillig verschwinde, wo der König, ein möglicher König mit der Dreifarbenfahne, erscheinen würde. All diese Kniffligkeiten erwiesen sich als zwecklos gegenüber der unbeugsamen Starrheit Chambords. Er bestand auf seinem Grundsatz des göttlichen Königsrechts gegenüber dem angemaßten Volksrecht, er hielt seine weiße Fahne hoch, und als er erkannte, daß selbst die Monarchisten ihm nicht folgten, zog er sich wieder in seine Frohsdorfer Einsamkeit zurück und wartete weiter auf ein unmittelbares Eingreifen der Vorsehung, das aber bis zu seinem Tode nicht erfolgte.

Mit seinem blonden Haupthaar und Vollbart, seinen großen, sinnenden Blauaugen, seiner edelgebildeten geraden Nase, seinen männlich schönen regelmäßigen Zügen war Heinrich von Chambord eine überaus vornehme und eindrucksvolle Erscheinung. Er war einfach und natürlich, wußte aber im richtigen Augenblick äußerst königlich zu sein. Er hatte viel gesunden Menschenverstand und Mutterwitz, weigerte sich jedoch, Gedankengängen zu folgen, die ihn zum Zweifel an seinem Gottesgnadentum geführt hätten. Hätte die Umwälzung die Reihe der Könige Frankreichs nicht unterbrochen, so wäre er in ihr einer der besten, jedenfalls ein guter gewesen. Seine Charakterfestigkeit, die ihn auf die Herrschaft verzichten ließ, ersparte Frankreich gefährliche Erschütterungen, vielleicht mörderische Bürgerkriege. Seine Haltung sprengte den Bund der Monarchisten, löste die konservative Mehrheit auf, entmannte die Nationalversammlung und zwang sie gegen ihren Willen, trotz ihres ohnmächtigen Widerstandes, am 30. Januar 1875, mit einer Stimme Mehrheit, mit 353 gegen 352 Stimmen, die republikanische Regierungsform anzunehmen. So wurde Heinrich V., der heilige Georg des Drachen der Revolution, der eigentliche Urheber der dritten Republik.

Der Herzog von Broglie, der Sohn eines Pairs, der unter der Juli-Monarchie für einen Freisinnigen galt, glaubte ehrlich, gleichfalls ein solcher zu sein. Aber er weigerte sich, ein Recht der Zahl anzuerkennen, er hielt die Millionen der Menge für unfähig, sich selbst zu regieren, er war überzeugt, daß sie einer Führung bedurften, und er wollte, daß der gebildete und besitzende höhere Mittelstand der Führer der dumpfen und beschränkten Mehrheit sei. Deshalb widersetzte er sich hartnäckig der Republik und wollte, als er ihre Ausrufung nicht verhindern konnte, sie wenigstens in einen Käfig von Einrichtungen sperren, die einer kleinen gesellschaftlichen und geistigen Auslese die Herrschaft gesichert hätten. Seine Anstrengungen waren eitel. Das allgemeine Stimmrecht riß seine schwachen Papierdämme spielend nieder und ersäufte ihn.

Mac Mahon ernannte ihn am Tage seiner Wahl zum Ministerpräsidenten. Das war das wenigste, was er für den Mann tun konnte, der ihn zum Staatsoberhaupt gemacht hatte. Er ließ ihn jedoch ruhig fallen, als ein Jahr später, am 16. Mai 1874, die Nationalversammlung ihm ihr Vertrauen entzog. Der Herzog von Magenta nahm sich ernst. Man hatte ihm eine Rolle anvertraut, und er fühlte sich als die Person, die er nur spielen sollte. Er weigerte sich, den Grafen von Chambord zu empfangen, als er im Oktober 1873 insgeheim nach Versailles kam. Er sagte in seiner Botschaft vom 3. Dezember 1874 an die Nationalversammlung: »Ich habe einen Dienstbefehl und werde niemals fahnenflüchtig werden.« Er unterschrieb die republikanische Verfassung, als sie angenommen war. Die Versammlung rang sich Ende 1875 den Entschluß ab, sich aufzulösen. Am 20. Februar 1876 wurde eine neue Kammer gewählt, und ihre Mehrheit war republikanisch. Auch das störte Mac Mahon nicht. Es kostete ihn keine Selbstüberwindung, mit einer republikanischen Kammer zu regieren. Er versuchte es zuerst mit einem Ministerium Dufaure von unentschiedener Färbung und dann, am 12. Dezember 1876, mit einem Kabinett, in dem Jules Simon den Vorsitz führte. Dieser trat sein Amt mit der Erklärung an, er sei »tief konservativ und tief republikanisch«. Broglie hörte nur das zweite Beiwort, nicht das erste. Er sah mit wurmendem Unmut, daß die Republik sich im Lande von Tag zu Tag mehr befestigte, und er benutzte den ersten Vorwand, um Jules Simon beiseite zu stoßen, die Zügel wieder selbst in die Hand zu nehmen und scharf nach rechts zu wenden.

Das geschah an dem berühmten 16. Mai 1877, der für Mac Mahon der Schicksalstag werden sollte. Tags vorher hatte Jules Simon in der Kammer sich der Abschaffung des reaktionären Preßgesetzes von 1875 nicht mit genügender Energie widersetzt, obschon er dem Präsidenten versprochen hatte, sich für dessen Aufrechterhaltung einzusetzen. Mac Mahon schrieb ihm einen Brief, in dem er ihm den Wortbruch vorwarf und fortfuhr: »Die Haltung des Ministerpräsidenten zwingt zur Frage, ob er noch den nötigen Einfluß auf die Kammer besitzt, um seine Ansichten vorwiegen zu lassen. Eine Erklärung ist unerläßlich; denn ich bin zwar nicht wie Sie der Kammer verantwortlich, wohl aber habe ich Frankreich gegenüber eine Verantwortlichkeit, die heute mehr als je meine Sorge sein muß.« Man hat später glauben machen wollen, Mac Mahon habe diesen keiner Regierungsüberlieferung entsprechenden harten öffentlichen Verweis seinem Ministerpräsidenten aus eigener Entschließung erteilt. Es ist jedoch bewiesen, daß er sich in der Nacht zum 16. Mai mit Broglie beriet und daß der Brief dessen Werk ist.

Jules Simon ging, und der Herzog von Broglie trat an die Spitze der Regierung, deren erste Tat es war, die Kammermehrheit vor den Kopf zu stoßen und mit ihr zu brechen. Sie erklärte dem Ministerium mit 363 Stimmen ihr Mißtrauen, und Broglie antwortete darauf zuerst am 17. Mai mit ihrer Vertagung und dann, am 18. Juni, mit der Auflösung. Während der Wahlbewegung übte er den härtesten Druck auf das Land. Die Presse wurde geknebelt, der Verkauf der Zeitungen erschwert oder brutal verhindert, 2000 Strafprozesse wegen Präsidentenbeleidigung und angeblicher Übertretung der Polizeivorschriften für den Zeitungsvertrieb eingeleitet, Gambetta selbst am 11. September wegen seiner Rede von Hâvre von einer gefälligen Pariser Strafkammer im Abwesenheitsverfahren zu drei Monaten Gefängnis und 2000 Frank Buße verurteilt, eine Strafe, die freilich nie vollstreckt wurde. Mac Mahon zog im Lande umher und suchte mit seinem persönlichen Eintreten auf die Wähler Eindruck zu machen. Es half jedoch alles nichts. Aus den Wahlen vom 14. Oktober ging die republikanische Mehrheit der 363 beinahe vollzählig wieder hervor, und Broglie mußte zurücktreten. Aber hinter der Kulisse lenkte er noch die Bewegungen Mac Mahons wie die einer Gliederpuppe. Der Präsident versuchte, den Kampf fortzusetzen. Er ernannte General de Rochebouet am 14. November zum Ministerpräsidenten und Kriegsminister mit der später vergebens abgeleugneten Absicht, einen Staatsstreich auszuführen. Als das Kabinett sich der Kammer vorstellen wollte, weigerte sie sich, mit ihm in Berührung zu treten. An alle Garnisonen ergingen geheimnisvolle Befehle, die durch die kühne Tat eines Stabsoffiziers, des Majors Labordère vom 14. Infanterieregiment, der weitesten Öffentlichkeit bekannt wurden. Aus der Reihe der Offiziere, die in Limoges zusammenberufen wurde, um einen Tagesbefehl zu empfangen, trat er nämlich hervor und erklärte, er verweigere den Gehorsam, da der Befehl nur einen Staatsstreich bedeuten könne. Wegen dieser Verweigerung des militärischen Gehorsams wurde Labordère sofort verhaftet und in der Folge schlicht verabschiedet, doch zum Abgeordneten gewählt; der Zwischenfall erschreckte jedoch die Leiter des Widerstandes gegen den Volkswillen, da er ihnen zeigte, daß sie auf das Heer nicht zu rechnen hatten. Broglie gab den Kampf auf, und Mac Mahon streckte die Waffen. Er entließ Rochebouet, kroch durch das kaudinische Joch der republikanischen Mehrheit, die ihm Dufaure als Ministerpräsidenten aufnötigte, verhielt sich 1878 ruhig und ergeben, um den Erfolg der Pariser Weltausstellung von 1878, einer großen Kundgebung der französischen Lebenskraft und der Erholung des Volkes von den 1879er Niederlagen und ihren äußeren und inneren Folgen, nicht zu beeinträchtigen, und dankte am 30. Januar 1879 ab, da in der Regierung der radikal gewordenen Republik für ihn kein Platz mehr war.

Das Mittelalter war von der Neuzeit nach einem letzten erbitterten Ringen in den Staub geschleudert worden, die Königsüberlieferung strich vor der Umwälzung die Flagge. Die Republik war unerschütterlich gegründet, der Volkswille in ihr die treibende Kraft, die Demokratie von der Vormundschaft befreit, die eine kleine, an Vorrechte gewöhnte Klasse sich über sie anmaßen wollte. Mac Mahon lebte noch eine Reihe von Jahren in einer ruhmlosen Zurückgezogenheit und starb 1893, halb verschollen und ganz unbeachtet.

Während des Kampfes nach dem 16. Mai war er der Gegenstand erbarmungsloser Angriffe der spitzesten republikanischen Federn. Das Bild, das sie damals von ihm zeichneten, prägte sich der Menge ein und blieb unverwischbar. Es zeigt ihn als unmäßigen Verehrer der Chartreuse und als bis zur Trottelei einfältigen Schwachkopf. Man erzählte von ihm die lächerlichsten Anekdoten, die willig geglaubt wurden. Einem schwarzen Kadetten, der ihm in St. Cyr als besonders tüchtig vorgestellt wurde, hätte er gesagt: »Sie sind Neger? Schön. Fahren Sie fort, es zu sein.« Bei der Flottenschau in Hâvre hätte er das Meer lange angestarrt und schließlich ausgerufen: »Das viele Wasser! Das viele Wasser!« Beim Besuch eines Militärkrankenhauses hätte er am Bett eines Typhuskranken bemerkt: »Typhus? Schlimme Geschichte. Man stirbt daran oder bleibt zeitlebens ein Idiot. Ich muß das wissen. Ich habe in Algier den Typhus gehabt.« Wahrscheinlich ist all das Erfindung, Entstellung oder Mißdeutung. Es war anstößig übertrieben, ihn den »Bayard der Gegenwart« zu nennen, wie der Graf von Chambord es in seinem Manifest vom Oktober 1873 getan hatte, es war bedauerlich ungerecht, ihn als einen albernen Tropf zu malen, wie es später geschah. Er war einfach ein mittelmäßiger Mensch ohne besondere Gaben, ein tüchtiger Kommißoffizier, der großen Heerführeraufgaben nicht gewachsen war, und seine geschichtliche Bedeutung liegt nur darin, daß die Sache der Gegenrevolution bei ihrem letzten verzweifelten Unternehmen gegen die Revolution in der ganzen konservativen Partei keine bedeutendere Verkörperung finden konnte als diese Mittelmäßigkeit.

Es gibt vielleicht ganz einheitliche, ganz eindeutige Naturen, aber sie stehen außerhalb der uns bekannten Menschheit, und wir glauben nicht an sie. Es entspricht nicht der Arbeitsmethode des Gattungsgenius, Individuen bloß aus Gemeinheit oder bloß aus Tugend und Heldentum herzustellen. Im Paradiese Mohammeds hat das Bein eines Verbrechers Platz gefunden, der einmal einem angebundenen Esel mit dem Fuß ein Heubündel näherschob, wonach das hungernde Tier vergebens den Hals reckte. Der Bösewicht hatte einmal im Leben auch eine gute Regung. Die katholische Kirche wartet mit der Heiligsprechung grundsätzlich bis zum Tode des letzten Zeitgenossen der Person, der sie den Strahlenkranz um das Haupt flechten will. Der Heilige hatte auch einmal einen Augenblick der Menschenschwäche, und die es bezeugen können, müssen erst verschwinden, ehe ihm Altäre geweiht werden. Wahr, begreiflich und darum fesselnd erscheinen uns nur die gemischten Naturen, die Licht und Schatten in richtigem Verhältnis vereinigen. Den Schatten begrüßen wir als das Erwartete, das Selbstverständliche, worin wir die uns bekannte Menschlichkeit wiederfinden, das Licht geben wir um der Schatten willen leichter zu. Diese und ähnliche Gedanken weckt der Anblick des Hauses Nummer 10 an der Place de la Madeleine, wo Jules Simon 51 Jahre lang gewohnt hat. Nicht in derselben Wohnung, das sei sofort hinzugefügt. Als kleiner Dozent mietete er einige enge Hofzimmer eine Treppe hoch. Als außerordentlicher Professor erhob er sich auf den zweiten Stock. Als berühmter Abgeordneter, Redekünstler, Schriftsteller, Minister erklomm er das oberste Stockwerk und erlangte das formale Recht, von der Dachkammer zu reden, in der er hauste. Ganz richtig: es war eine Dachkammer fünf Treppen hoch, unmittelbar unter dem Speicher. Aber die »Mansarde« umfaßte zehn Zimmer, sie hatte Raum für eine Bücherei von 25 000 Bänden, einen Balkon von dreißig Schritt Länge, die märchenhafte Aussicht auf die Madeleinekirche und die Flucht der Boulevards bis zum Knick etwa an der Oper auf der einen und bis zur St. Augustinkirche auf der anderen Seite, sie kostete 5000 Fr. jährlich und war nur darum so billig, weil der kluge Mieter einen langjährigen Vertrag zu einer Zeit geschlossen hatte, als der Mietzins niedrig stand, und sie war um ihrer Bequemlichkeit und unvergleichlichen Lage willen der Gegenstand des Neides all seiner Besucher. Diese Dachkammer war ein Sinnbild des Charakters und Lebens ihres vieljährigen Bewohners. Sie schien dürftig und war reich bis zur Üppigkeit. Sie tat demütig proletarisch und war raffiniert patrizisch. Diese Pose der Bescheidenheit, der Verkleidung in das Mäntelchen eines irreführenden gefälligen Wortes finden wir fortwährend bei Jules Simon. Er war eben eine gemischte Natur, und das macht ihn unterhaltlich.

Er hat in seinem langen Leben viele und große Erfolge gehabt. Das ist immer ein Beweis von Begabung und Kraft. Nur der oberflächlichsten Betrachtung wird der Erfolg sich als reine Glückssache darstellen. Auch der günstigste Zufall will benutzt sein, und die richtige Benutzung setzt mindestens Raschheit des Urteils, Gewandtheit im Zugreifen, Entschlossenheit im Festhalten voraus, und das sind Vorzüge. Es sind die Vorzüge, mit denen Jules Simon für den Kampf ums Dasein ausgerüstet war.

Jules Simon war 1814 in Lorient geboren und starb 1896 in Paris. Seine Anfänge waren rührend. Er war ein Bettelstudent. Als Gymnasiast in der bretonischen Stadt Vannes gab er Stunden, die ihm mit 3 Fr. monatlich bezahlt wurden. Freilich konnte er vier Schüler zugleich unterrichten, und so brachte ihm die Stunde tatsächlich 12 Fr. monatlich. Er hatte ihrer zwei, also 24 Fr. Einkommen. Für Wohnung und Kost mußte er aber einer alten Witwe 25 Fr. bezahlen, und der eine fehlende Frank erlangte für ihn beinahe eine tragische Bedeutung, bei der er in seiner Lebensgeschichte sehr wirksam verweilt. Die Bedrängnis dauerte indes nicht lange. Er erhielt vom Departement ein Stipendium von 200 Fr. und konnte nicht nur den Fehlbetrag decken, sondern sich auch den Luxus flotter Kleider und Schuhe genehmigen.

Seine erste starke Tat war, daß er sich einen Gönner gewann. Das war Victor Cousin, ein großer Mann in seinen Tagen. Jules Simon kam mit 39 Fr. und einigen lauen Empfehlungen nach Paris, wo er keine Seele kannte. Cousin nahm ihn wohlwollend auf, machte ihn zu seinem Sekretär und Mitarbeiter, erleichterte ihm den Eintritt in die *Ecole Normale*, verschaffte ihm die ersten Gymnasiallehreranstellungen, erwirkte dann seine Ernennung zum Professor der Philosophiegeschichte an der Sorbonne, öffnete ihm die vornehmsten Zeitschriften und hinterließ ihm bei seinem Tode seine wertvolle Büchersammlung von 20 000 Bänden. Er ebnete ihm also die amtliche und schriftstellerische Laufbahn auf ihrer schwierigsten Strecke. Er förderte ihn wie keinen andern seiner Jünger und Höflinge. Er schenkte ihm sogar einen Namen.

Denn Jules Simon war der Sohn eines lothringischen Juden, der ursprünglich Simon Schweizer geheißen hatte, dann von den Bauern seines Wohnorts Loudrefing Suisse genannt worden war und diesen Namen beibehielt, als er nach Lorient zog und dort, in der kleinen bretonischen Hafenstadt, einen Kramladen auftat. Die Nachbarn nannten ihn nur den Vater Simon, und sein Sohn Jules François unterzeichnete seine erste schriftstellerische Arbeit mit dem Namen Jules Simon-Suisse. Victor Cousin sah diese Unterschrift und strich mit entschlossenem Zuge das Wort Suisse. »Niemals«, rief er, »werden Sie mit dem Namen Simon-Suisse berühmt werden.

Das ist kein Name, der geeignet ist, *hominum volitare per ora*« (von Mund zu Mund der Menschen zu fliegen). Und er veranlaßte ihn, sich nur Jules Simon zu nennen.

Für all die Liebe, die er von Cousin erfahren, hat Jules Simon sich dankbar erwiesen. Er hat seine Werke herausgegeben, die ein Denkmal der Nichtigkeit, Flachheit und Geistesöde dieses sogenannten Philosophen sind, und er hat in seinen Erinnerungen liebevoll verzeichnet, wie eitel, wie hochmütig, wie knickerig, wie gewissenlos, wie unehrlich er war. Schon als Victor Cousin auf der Höhe seines Ruhmes stand, als er Pair von Frankreich war, im Unterrichtsministerium unbegrenzten Einfluß hatte, die Universität und die Akademie beherrschte, sagte man ihm nach, daß er von erhabener Unwissenheit sei und alle jungen Talente für sich arbeiten lasse. »Die Werke des Herrn Cousin«, spottete Heinrich Heine 1835, »sind so kolossal, so erstaunlich, daß das Volk nie begriff, wie ein einziger Mensch dergleichen vollbringen konnte, und es entstand die Sage, daß die Werke, die unter dem Namen dieses Herrn erschienen sind, von mehreren seiner Zeitgenossen herrühren.« In demselben Aufsatze stellt Heine fest, daß Cousin, der Ausleger der Werke Kants, die Barni erst später ins Französische übersetzen sollte, kein Wort Deutsch verstand, und fährt fort: »Ich will dies beileibe nicht in tadelnder Absicht gesagt haben. Die Größe des Herrn Cousin tritt um so greller ins Licht, wenn man sieht, daß er die deutsche Philosophie erlernt hat, ohne die Sprache zu verstehen, worin sie gelehrt wird. Dieser Genius, wie überragt er dadurch uns gewöhnliche Menschen, die wir nur mit großer Mühe diese Philosophie verstehen, obgleich wir mit der deutschen Sprache von Kind auf ganz vertraut sind.« Jules Simon bestätigt jedes Wort der Heineschen Ironie. Er zeigt, daß Cousin die deutschen Philosophen nicht lesen konnte, über die er bändereiche Werke schrieb, daß die meisten seiner Bücher die Arbeit seiner Sekretäre sind und daß er diesen Mitarbeitern für täglich zehnstündige Rackerei niemals einen Centime bezahlte. Ohne Zweifel hat ihm das Herz geblutet, als er das Andenken seines Lehrers und Wohltäters so unerbittlich dem Abscheu oder dem Spotte der Nachgeborenen preisgab. Aber seine Hand zeichnete das abschreckende Bildnis ohne Schwäche. Er fühlte, daß er seinen Lesern geschichtliche Wahrheit schuldete, und er gestattete seiner Dankbarkeit nicht, sich der Erfüllung dieser heiligen Pflicht zu widersetzen.

In seiner Pflichterfüllung war er überhaupt von unerschütterlicher Festigkeit. Als am 4. September 1870 das Volk in die gesetzgebende Versammlung eindrang und sie sprengte, da behielt Jules Simon, der damals Abgeordneter war, die Gruppe Gambetta, Jules Favre, Crémieux scharf im Auge. Besonders Gambetta verließ er mit keinem Blick. Denn er war damals der volkstümlichste Regierungsgegner und der natürliche Führer einer Bewegung gegen das Kaiserreich. Mit einem Male sah Jules Simon Gambetta, umgeben von seinen nächsten Freunden, den Sitzungssaal verlassen und auf den Platz vor dem Palais Bourbon hinauseilen. Er begriff sofort, daß der Zug nach dem Stadthaus ging und die Einsetzung einer einstweiligen Regierung im Werk war. Jules Simon zögerte nicht. Über Bänke, Schultern, Köpfe hinweg stürzte er den Abziehenden nach. Wem diese Turnerei unwahrscheinlich dünkt, dem sei gesagt, daß Jules Simon sieben Jahre später als Hauptredakteur des »Siècle« seine Mitarbeiter häufig verblüffte, indem er vor ihnen über die Redaktionstische hinwegsprang, um ihnen die Kraft und Gelenkigkeit seiner damals bald 63jährigen Beine zu zeigen. Als er hinausgelangte, waren Gambetta und seine Genossen bereits davongefahren. Mit größter Mühe gelang es ihm, einer Droschke habhaft zu werden. Rücksichtslos hohes Trinkgeld beschleunigte die Gangart des Fuhrwerks. Er kam fast gleichzeitig mit den anderen zum Stadthaus, drang durch alle Hindernisse in den Saal, wo eben die Regierung der Landesverteidigung ausgerufen wurde, und bestand darauf, daß sein Name der bereits abgeschlossenen Ministerliste angefügt werde. So verhütete sein entschlossenes Auftreten in entscheidender Stunde eine Vergeßlichkeit seiner politischen Freunde, die offenbar ein Undank gewesen wäre und der ganzen republikanischen Partei zur Unehre gereicht hätte.

Die bisher angeführten Züge scheinen das Bild eines reinen Strebers zu geben. Aber man muß daran festhalten, daß Jules Simon eine gemischte Natur war. Er hatte auch seine vorbildlichen Augenblicke, in denen er für sein künftiges Denkmal und die Geschichte saß. Am 9. Dezember 1851, eine Woche nach dem Staatsstreich, unmittelbar vor dem Plebiszit, begann er seine Vorlesung in der Sorbonne mit diesen Worten: »Sie erwarten von mir einen Vortrag über Moral, doch auch ein Beispiel der Moral. Dem öffentlichen Recht ist Gewalt angetan worden. Und wenn es in den Urnen nur einen einzigen Stimmzettel der Verurteilung geben sollte, so wird es der meine sein.« Es war seine letzte Vorlesung in der Sorbonne. Tags darauf war er abgesetzt. In der Folge hat ihm diese tapfere Tat nicht geschadet. Doch zu ihrer Stunde erforderte sie eine gewisse Kühnheit. Am 31. Oktober 1870, als Flourens und Millière die meuternden Bataillone von Belleville und La Villette nach dem Stadthaus führten und die Kommune ausrufen wollten, geriet Jules Simon in die Gewalt der Aufrührer und war mehrere Stunden lang ihr Gefangener, zugleich mit den anderen Jules der Regierung, mit Jules Favre, Jules Ferry, Jules Trochu. Die Lage war nicht ungefährlich. Die Ermordung der Geiseln, die sechs Monate später die Rue Haxo berühmt machen sollte, warf bereits ihre Schatten voraus. Doch Jules Simon hielt sich gut. Er deklamierte nicht wie Jules Ferry, er ballte nicht die Faust und rollte nicht die Augen wie Jules Favre, er murmelte keine Vaterunser wie Jules Trochu, er saß ruhig in seinem Lehnstuhl und erinnerte an die römischen Senatoren, die in ihren kurulischen Stühlen das Eindringen der Gallier des Brennus und den Todesstreich von den Bronzeschwertern erwarteten. Nach dem Zeugnis der Empörer selbst war er der würdigste der vier Jules. Wahrscheinlich war es die Erinnerung an diesen 31. Oktober, die am folgenden 1. Februar die Pariser Regierung bestimmte, ihn zur Delegation nach Bordeaux zu schicken, mit dem Auftrag, die Verordnung zu vernichten, durch die Gambetta die führenden Bonapartisten von der Wählbarkeit in die Nationalversammlung ausgeschlossen hatte. Die Sendung war nicht bequem. Gambetta hatte gute Lust, Jules Simon im Fort Blaye einzusperren, ja ihn, wenn er Umstände machte, erschießen zu lassen. Doch Jules Simon forcht sich nit. Zwar unternahm er nichts, bis drei andere Mitglieder der Pariser Regierung, Pelletan, Garnier-Pagès und Arago, zu seiner Unterstützung herbeigeeilt waren und Fourichon, Glais-Bizoin und Crémieux zum Abfall von Gambetta bestimmt hatten. Doch hielt er während schwieriger acht Tage mutig aus und verhinderte durch seine bloße Anwesenheit in Bordeaux Gewaltstreiche der Delegation. Das war der eine, der einzige Augenblick seiner politischen Laufbahn, wo er über sich selbst hinausgewachsen war.

In die Politik trat er nach der Februar-Umwälzung ein. Er bewarb sich mit Erfolg um einen Sitz in der Nationalversammlung, in der er jedoch nicht hervortrat, sondern vorsichtig abwartete, woher der Wind wehte. Wie er es 1851 mit dem Kaiserreich verdarb, haben wir gesehen. Seiner damaligen Haltung verdankte er es, daß er 1863 in die gesetzgebende Körperschaft gewählt wurde, in der er sich dem winzigen, doch ruhmreichen Häuflein der unversöhnlichen Gegner des triumphierenden Kaiserreichs anschloß. Ich habe erzählt, wie er sich am 4. September selbst zum Mitglied der Regierung ernannte. Sein Auftreten gegen Gambetta in der Frage der Wählbarkeit der Stützen des Kaiserreichs rechnete Thiers ihm so hoch an, daß er ihn in sein erstes Ministerium berief. Die Nationalversammlung duldete ihn jedoch nicht lange. Als er im Herbst 1871 in einer Rede vor dem Kongreß der Gelehrtengesellschaften ausrief: »Thiers allein ist der Befreier des Staatsgebiets!«, forderte die Rechte seinen Rücktritt, da er die Nationalversammlung durch Herabsetzung ihres Verdienstes beleidigt habe. Thiers opferte ihn unbedenklich, und Jules Simon war klug genug, weder zu schmollen noch sich rächen zu wollen. Er war im Gegenteil so musterhaft gemäßigt, so entgegenkommend für die Rechte, so verständnisvoll für alle Formen des Rückschritts, insbesondere für den Klerikalismus, daß Bischof Dupanloup gelegentlich mit einem maliziösen Lächeln äußerte: »Dieser Mann wird früher als ich Kardinal werden.« So weit hat er es nun allerdings nicht gebracht, aber Mac Mahon – oder Broglie – gewann genug Vertrauen zu ihm, um ihm am 13. September 1876 den Auftrag zur Bildung eines Ministeriums zu erteilen, als ihm klar wurde, daß nicht länger um ein ausgesprochen republikanisches Ministerium herumzukommen sei. Sein Antrittsprogramm war bester Jules Simon. Ein verständnisvolles Augenblinzeln zu Mac Mahon und seinem Hintermann: »Ich bin tief konservativ!« Ein bedeutungsvolles Lächeln zur republikanischen Kammermehrheit: »Und ich bin tief republikanisch.« Diesmal war er indes zu geschickt gewesen und hatte den Schmerz, sich von beiden Parteien durchschaut zu sehen. Als ihm Mac Mahon am 16. Mai 1877 im Unteroffizierston die unverlangte Entlassung ankündigte, dankte er gehorsam für die gnädige Strafe, wie es für wohlgedrillte Militärs vorgeschrieben ist. Bischof Dupanloup wird seine Freude an ihm gehabt haben, als er christlich die linke Wange reichte, nachdem die rechte den Backenstreich erhalten hatte. Damit war seine Rolle ausgespielt. Er blieb Senator, gelangte jedoch nie wieder zur Regierung. Nur einmal trat er noch, wenn auch nicht gerade aktiv politisch, hervor. Er vertrat Frankreich auf der Konferenz für die Arbeitergesetzgebung, die Kaiser Wilhelm 1890 nach Berlin einberief. Der Kaiser fand an ihm großes Wohlgefallen. Das ist verständlich. Ihn bestachen an Jules Simon die französischen Nationaleigenschaften der gesellschaftlichen Sicherheit und Gewandtheit, der liebenswürdigen Glätte, des anmutigen und geistvollen Geplauders, und er rechnete sie ihm an, als wären sie seine persönlichen Vorzüge. Bis zur Kenntnis des Individuellen unter dem Generellen konnte der Kaiser bei der Kürze und der Art seines Verkehrs mit dem fremden Gast unmöglich vordringen.

Er hatte einen schlechten Abgang von der politischen Bühne. Er hatte einen besseren verdient. Denn er war ein guter Schauspieler. Er war es als Redner, als Politiker, als Professor, als Schriftsteller. Über diese letzteren Verkörperungen nur einige Worte. Als Schriftsteller war er gleichmäßig blühend, lau und nichtssagend. Er hat wahrscheinlich nie eine Zeile geschrieben, die unter die akademische Höhenlage herabsinkt, und ich habe nie eine Zeile behalten, wenn ich ein Buch von ihm zu Ende gelesen hatte. Seine »Arbeiterin« erregte in den fünfziger Jahren des neunzehnten Jahrhunderts Aufsehen. Glückliche Zeiten, wo ein Schriftsteller mit dergleichen Aufsehen erregen konnte! Er schilderte in dem Buche das Los der Frauen, die ihr Brot mit ihrer Hände Werk verdienen müssen, und verlangte eine Besserung ihrer Lage. Es war ein Gemisch von tränenfeuchter Empfindsamkeit, billiger Nächstenliebe und väterlicher Mahnung zu Tugend und Geduld, etwas wie Béranger in Prosa und Henri Murger mit Salbung. Ein Milligramm Sozialismus, mit sehr viel Zucker, Rosenwasser und etwas Weihrauch zu harmlosen Pillen verrieben. Als Professor erfreute er die Studenten, als Politiker das Parlament mit niedlichen Reden. Gelernt haben die einen und das andere nichts von ihm. Vor 1870 galt in den Lehrstühlen der Fakultäten wie auf der Rednerbühne der Kammern nur die Rhetorik. Seitdem ist das anders geworden, wenigstens was die Lehrstühle betrifft. Caro war das letzte Beispiel des Süßholzrasplers auf dem Katheder, und er verfiel bereits dem Spotte Paillerons. Heute würden die Studenten einen Drescher leeren Strohs von der Art der Jules Simon, Caro, Paul Janet die erste Vorlesung nicht beenden lassen. In der Politik geht es noch mit diesem alten Handwerksgerät. Aber auch da muß man es anders handhaben wie Jules Simon. Er gab sein Leben lang vor, ein Verteidiger der Freiheit zu sein. Aber was verstand er darunter? Das Recht, die Republik des Plato in einem Kinofilm vorzuführen. Sein Ideal war ein Zustand, in welchem seine Köpfe geistreiche Sticheleien gegen die Regierung vor diskret lächelnden Salonmenschen zum besten geben durften und Akademiker vom Staatsoberhaupt zur Mitarbeit an den öffentlichen Geschäften berufen wurden. Als er jedoch den Einbruch der Barbaren in die Politik erleben mußte, als er die struppigen Proletarierköpfe mit den unwissenden Stirnen, den furchtbar aufrichtigen Augen und den bittern Mündern vor sich auftauchen sah, da verhüllte er schaudernd sein Haupt und floh entsetzt von der Bühne. Diese Menschen würdigten keine gekräuselten Phrasen mehr! Ihnen waren Wahlen, Reden, Abstimmungen nicht mehr eine anregende Komödie! Sie meinten es ernst! Da war ein guter Komödiant seines Lebens nicht mehr sicher, und Jules Simon beeilte sich, in der Kulisse zu verschwinden. Auch der Redner wirkte durch den Vortrag, die Mimik, die Gesten, das Lächeln, die Kunstpausen, die Betonung der Treffworte. Wer heute den Mut hätte, eine Rede von ihm, wäre es auch die berühmteste, die gegen die antiklerikalen Märzdekrete Jules Ferrys, zu lesen, würde wahrscheinlich seinen Augen nicht trauen. Dieses flaue, armselige, fadenziehende Zeug hat einen Menschen berühmt machen können? Ja. Wegen der Triller und Orgelpunkte, die er dazu flötete und die in dem Texte nicht mitgedruckt sind.

Jules Simon war ein vortrefflicher Mime, und dem Mimen flicht die Nachwelt keine Kränze. Auf Nachruhm hat er keinen Anspruch. Er hat kein dauerndes Werk geschaffen, das ihn vor den Nachgeborenen verteidigt. Das einzige, was ihm einen Platz in der französischen Geschichte sichert, ist, daß sein Name mit dem Gewaltstreich vom 16. Mai verknüpft ist, das heißt mit dem letzten Versuch einer französischen Staatsregierung, die Republik zu zertrümmern, den Gedanken der Volkssouveränität zu unterdrücken und die Umwälzung zu verleugnen.

Léon Gambetta

Die Persönlichkeit, die aus den Anfängen der dritten Republik mit dem stärksten Relief hervortritt, ist die Léon Gambettas. Er zwang sich seinen Zeitgenossen weniger noch durch seine Taten, obschon sie bedeutend waren, als durch seine große Natur auf, die lodernde Begeisterung entzündete und leidenschaftlichen Haß erregte, das sicherste Kennzeichen einer solchen. Ein vorzeitiges Ende verhinderte ihn, sich zu seinem vollen Maß auszuwachsen, und zerstörte grausam die Hoffnungen von Millionen. Er ist ein Versprechen geblieben, dem die Erfüllung versagt war, und das Geschlecht der Franzosen, das ihn gekannt, hat nicht aufgehört, sein Andenken mit einem nie in Gleichgültigkeit erstorbenen Bedauern zu umgeben.

Gambetta wurde 1838 in dem südfranzösischen Städtchen Cahors geboren. Sein Großvater war gegen 1820 aus Genua in Frankreich eingewandert, sein noch in Italien geborener Vater sprach bis zu seinem Tode Französisch mit stark italienischer Aussprache, er selbst empfand sich noch als Jüngling so sehr als Ausländer, daß er unter dem Kaiserreich die Wehrpflicht der Franzosen nicht auf sich nehmen wollte und sich nicht stellte, um eine Nummer für die Einreihung in das Heer zu ziehen, wie es damals üblich war. Das wurde ihm später hart genug vorgeworfen.

Seine gültige Entschuldigung ist, daß der Verlust eines Auges ihn doch dienstuntauglich machte und daß man es vor der Einführung der allgemeinen Wehrpflicht mit der Gestellung überhaupt nicht allzu genau nahm. In seinen Briefen an vertraute Freunde verhehlte er indes nicht, daß er bei einem Besuch in Genua unbeschadet seiner tiefen Vaterlandsliebe Heimatsgefühle hatte und sich bewußt war, an dem Ruhm der alten Republik und an der großen Vergangenheit der Nebenbuhlerin von Venedig und Königin des Tyrrhenischen Meeres seinen Erbanteil zu haben.

Unbeglaubigt ist der jüdische Ursprung Gambettas, obschon er von seinen Gegnern in der Zeit, als der politische Kampf um ihn tobte, mit der Absicht, ihn zu entwerten, täglich behauptet wurde. Die Gesichtsbildung Gambettas würde der Annahme jüdischer Abkunft nicht widersprechen, aber sie beweist bei einem Sohne Liguriens nichts, da alle Umwohner des Mittelländischen Meeres, von den Säulen des Herkules bis zu den Dardanellen, zweifellos derselben Rasse angehören. Man hat ihn selbst einmal über den Punkt befragt. Das war im August 1876, zur Zeit der Erhebung Disraelis in den Grafenstand. In einem Salon, wo in zahlreicher Gesellschaft auch Jules Simon, Crémieux und Gambetta anwesend waren, sprach man von diesem Ereignis und der jüdischen Herkunft mancher hervorragenden Staatsmänner, und Crémieux, der bekenntnistreue Jude, wandte sich an Jules Simon mit der Frage: »Ist es wahr, daß in Ihren Adern jüdisches Blut fließt?« Simon erwiderte sofort, sein Großvater sei als Jude gestorben, erst sein Vater habe die Taufe empfangen, und auf Gambetta deutend, fügte er hinzu: »Ich glaube, unser Freund ist in demselben Falle?« Gambetta wurde ein wenig verlegen und antwortete ausweichend, sein Stammbaum habe ihn nie genügend interessiert, um ihn zu Nachforschungen über diesen Punkt zu veranlassen. Die Frage bleibt also unentschieden.

Gambettas Vater wurde in Cahors nie anders als »der Genuese« genannt. Weit entfernt, diese Bezeichnung als Spitznamen zu empfinden, legte er sie sich vielmehr selbst bei. Er betrieb einen Handel mit Medizinalkräutern und nannte seinen Laden »Zum Hafen von Genua«. Dieses Schild hat sogar 1878 zu einem sonderbaren Rechtsstreit Anlaß gegeben. Als Gambettas Vater die Rente beisammen hatte, die er sich bei Beginn seiner Geschäftstätigkeit als Ziel vorgesteckt, zog er sich nach damaliger französischer Sitte zurück und verkaufte Laden, Warenvorrat und Kundschaft an einen Nachfolger, der ausdrücklich die Bedingung stellte, daß die Firma weiterzugehen habe: »*Gambetta. Herboriste. Au port de Gênes*« Einige Jahre lang hielten sich beide Teile zur vollen beiderseitigen Zufriedenheit an das Übereinkommen, allein als Gambettas Sohn 1878 eine große Triumphreise nach seinem Heimatsdepartement unternahm, begann sein Vater es für unpassend zu finden, daß der berühmt gewordene Name mit dem prosaischen Beisatz »Kräutler« auf einem gewöhnlichen Ladenschilde zu lesen sei, und er wollte seinem Geschäftsnachfolger die Weiterführung der alten Firma untersagen. Der aber verstand seinen Vorteil und berief sich auf seinen Vertrag. Daraus entstand ein Rechtsstreit, der den Feinden Gambettas nicht wenig Vergnügen bereitete und den ein Ausgleich aus der Welt schaffte.

Der Einäugigkeit Gambettas hat die Sage sich mit besonderer Vorliebe bemächtigt. Er sollte sich das rechte Auge selbst mit den Fingern ausgedreht haben, um sich dienstuntauglich zu machen, weil sein Vater ihn gegen seinen Willen für die Kadettenschule von St.-Cyr bestimmte. Das ist eine alberne Fabel. Gambetta verlor in der Kindheit das Auge durch einen Unfall. Wahr ist aber, daß sein Vater das Gebrechen des Knaben zum Anlaß nehmen wollte, um ihn, als zu augenanstrengenden Studien nicht geeignet, in seinem Geschäfte zu verwenden, und daß nur der entschiedene Wille der Familie seiner Mutter diese Absicht durchkreuzte und Gambetta davor bewahrte, ein ehrenwerter Kräutler zu werden.

Er beendete die Mittelschule in Cahors und kam neunzehnjährig nach Paris, um die Rechte zu studieren. Nun beginnt die romantische Periode seines Lebens, die des Lateinischen Viertels. Er wohnte im »Hotel du Sénat«, das trotz seines hochklingenden Namens nur eine gewöhnliche Studentenherberge in der Rue de l'Odéon war. Seine Kunden waren vornehmlich Südfranzosen. Alfons Daudet bewohnte in diesem Gasthof eine Dachstube, als er zu seinem ältern Bruder Ernst nach Paris kam. Es war ein wildlustiges Leben, das die tollen jungen Leute hier führten. Tag und Nacht war die alte Bude vom sympathischen Lärm dröhnender Stimmen und übermütigen Gelächters erfüllt. Jede der dürftigen Mahlzeiten, die zweimal täglich die Kostgänger des

Gasthofs um den gemeinsamen Tisch versammelten, wandelte sich in ein klassisches Symposi-
on um, in dem weder die Trankopfer noch die geistreichen und tiefsinnigen Gespräche fehlten,
die zu solchen Festen gehören. Gambetta führte bei Tische den Vorsitz. Er übte eine Autorität
über seine Genossen, der sich alle willig unterwarfen. »Den Teufel spürt das Völkchen nie,« den
Genius aber spürt das Völkchen der Studenten stets. Man stellt mitunter Gambetta zu jener Zeit
als einen armen Teufel von Bohème dar, der morgens seine Kameraden um ein Zwanzigsous-
stück anpumpte, um abends eine Mahlzeit zu haben. Das Bild entspricht der Wirklichkeit nicht.
Gambetta erhielt von seinem Vater monatlich 300 Fr., zu jener Zeit ein ansehnlicher Wechsel
für einen Bewohner des Lateinischen Viertels, und seine verhältnismäßige Wohlhabenheit, sein
ungeheurer Appetit und Durst, seine Körperkraft, seine unverwüstliche geräuschvolle Heiter-
keit, besonders aber sein Redestrom, machten ihn sehr früh zu einer Respektsperson in seinen
Kreisen. Hatte er bei Tische das Wort, so schwiegen alle anderen. Und er hatte fast immer
das Wort. Er liebte es, den Klang seiner starken, tiefen, wohllautenden Bruststimme zu hören.
Er sprach, um zu sprechen, und jede seiner Stegreifreden löste sich schließlich in ein lautes
Gelächter oder in einen lärmenden Rundgesang auf.

Es ist etwas Wundersames um die Macht des Wortes bei südlichen Völkern. Dem Nordländer
ist die Rede ein Mittel zum Zweck der Verständigung, dem Südländer ist sie Selbstzweck. Jener

wird vom Wort überzeugt, dieser überwältigt und hingerissen. Es ist ihm ein physischer Genuß, eine Nervenwonne, schön sprechen zu hören. Stolze, volltönende Sätze, ein rauschend dahinströmender breiter und ununterbrochener Reteguß entzücken ihn wie das Spiel eines Virtuosen oder wie das Lied einer guten Sängerin. Darum sind Laufbahnen wie die Mirabeaus, Dantons, Kossuths, Castelars und Gambettas eben nur bei südlichen Völkern möglich.

Gambetta wußte früh, daß er eine dröhnende Stimme, eine breite, herrische Geste, ein eindrucksvolles Mienenspiel und eine losgebundene, geläufige Zunge hatte, und er gab bei jeder Gelegenheit Konzerte aus seinem Tonwerkzeug, der Sprache. Er verbrachte seine Abende im Gasthof oder im geschichtlichen Café Procope und deklamierte vor einem andächtigen Zuhörerkreis, den seine Worte entflammten, gegen das damals noch sehr mächtige, sehr gefährliche, sehr grausame Kaiserreich. Diese Standredner der Studentencafés sind ein aussterbender Typus. Daudet hat ihn in der Gestalt des Elysée im Roman »Die Könige im Exil« für die Nachwelt bewahrt. Wer früher eine Eingebung fühlte, auf wen, um mit der Schrift zu reden, »die Jungen herabstiegen«, der erhob sich am Biertisch und sprach; es wurde ihm sicher zugehört, geglaubt, Beifall geklatscht, hatte er eine besonders kräftige Lunge, ein besonders loses Mundwerk, waren seine Paradoxe genug verblüffend, seine Ideen genug toll, seine Ausdrücke genug kraftgenialisch, so wurde er eine örtliche Berühmtheit, und man drängte sich in das Lokal, das der Schauplatz seiner Abendvorstellungen war. So fingen manche Talente an, die später im Gerichtssaal und in der Kammer glänzten. Die meisten Bierredner blieben allerdings ihr Leben lang bei dem wüsten Wortschwall des Kaffeehauses und verloren über der Gewohnheit des Schwadronierens die des Denkens und Arbeitens, bis sie zu blöden, gehirnerweichten Windkesseln herabsanken, die ein jüngeres, unehrerbietiges Geschlecht von Bocktrinkern zum Tönen brachte, so oft es ein wenig lachen wollte. Gambetta war einer von der Gattung der Kaffeehausredner des Lateinischen Viertels und einer der größten seines Jahrhunderts. Die Gattung scheint sich durch die Hervorbringung dieses Gipfelindividuums erschöpft zu haben, denn seitdem ist sie unfruchtbar geblieben.

1860 hatte er seine Studien beendet und wurde Rechtsanwalt in Paris. Er verließ die Hörsäle mit einem geringen Schulsack belastet, wußte aber in der Folge durch einen nie ermattenden Leseeifer, den ein ungewöhnliches Gedächtnis fruchtbar machte, seine Bildungslücken auszufüllen. Sein Beruf nahm ihn anfangs wenig in Anspruch. Er wohnte regelmäßig den Sitzungen der gesetzgebenden Körperschaft bei, über die er in der »Europe« Bericht erstattete, dem freisinnigen französischen Blatte, das damals in Frankfurt a. M. erschien und an dem die hervorragendsten oppositionellen Schriftsteller und Politiker mitarbeiteten. Indes vernachlässigte er auch den Gerichtspalast nicht, und der Ruf des redegewandten jungen Advokaten verbreitete sich bald über die Grenzen des Lateinischen Viertels und drang auf das rechte Ufer der Seine. Gambetta verbrachte nunmehr seine Abende im Café de Madrid, und wie früher in der Rue de l'Ancienne Comédie, so war er nun auf dem Boulevard Montmartre eine anerkannte Autorität. Seine Zuhörer waren jetzt nicht mehr Studenten, sondern Journalisten, Schriftsteller und Künstler, die der Haß gegen das Kaiserreich zu einer Art Freimaurerbund vereinigte. Die Zeitungen begannen sich mit ihm zu beschäftigen. Journalisten wählten ihn zu ihrem Verteidiger in den zahlreichen Preßprozessen, mit denen man sie damals verfolgte, und wenn sie ihn auch für seine Bemühungen in der Regel nur mit einem Händedruck und einem stets gutgemeinten, wenngleich nicht immer üppigen Frühstück belohnten, so erwiesen sie sich doch gleichzeitig durch die große Publizität dankbar, die sie seinen Verteidigungsreden gaben.

Zum berühmtesten Mann des Tages machte den Dreißigjährigen im November 1868 der Prozeß gegen Delescluze, der in seinem »Réveil« eine Sammlung für ein Denkmal Baudins eröffnet hatte, des Volksvertreters, der am 3. Dezember 1851 auf der Barrikade im Kampfe gegen den Staatsstreich gefallen war. Unter dem Vorwande, den Angeklagten zu verteidigen, griff Gambetta das Kaiserreich, seine Anfänge, seine Methoden, seine Grundsätze, seine Ziele mit einem wilden Ungestüm an, der die Richter und den Staatsanwalt entsetzte und bei allen Gegnern Napoleons III. einen wahren Freudentaumel hervorrief. In Gambettas Worten rollte ein Widerhall des Donners von Victor Hugos »Napoléon le petit« und »Châtiments«. Delescluze wurde zwar verurteilt, seinem Verteidiger aber boten in ihrer ersten Begeisterung die Wähler des Pariser Arbeiterviertels Belleville und von Marseille bei den allgemeinen Wahlen vom 23. Mai 1869 einen Kammersitz an, den er hocherfreut annahm.

Sein Einzug in die gesetzgebende Körperschaft erregte noch größeres Aufsehen als der Henri Rocheforts, der sich mit ihm wegen seiner »Lanterne« in die grenzenlose Volkstümlichkeit teilte. Er wurde sofort das anerkannte Oberhaupt der »Unversöhnlichen«, *Irréconciliables*, die nicht verhehlten, daß nur der Sturz des Kaiserreichs sie

125 zufriedenstellen konnte. In einer großen Rede, die alle in ihn gesetzten Erwartungen übertraf, bekämpfte er am 5. April 1870 das von der Regierung geplante Plebiszit und forderte zum starren Entsetzen der Mamelukenmehrheit unerschrocken die Republik. Der Krieg entfesselte in ihm Orkane vaterländischer Leidenschaft. Seine Heftigkeit kannte keine Grenzen. Am 17. August beantragte er die Vertreibung aller Fremden aus Frankreich und erfand das System der Gefangennahme aller erreichbaren Angehörigen des Feindesstaates, ohne Unterschied des Alters und Geschlechts, das seitdem zur Kriegsregel erhoben wurde.

Als der unbestrittene Führer der Unzufriedenen fand er sich am 4. September von selbst an der Spitze der Volksvertreter, die das Kaiserreich für abgeschafft erklärten und die Regierung des Landes an sich rissen. Er übernahm der Form nach das Portefeuille des Innern, in Wirklichkeit regierte er als Diktator. In den fünf Monaten, die seiner Erhebung folgten, entfaltete er eine Tatkraft, eine rücksichtslose Entschlossenheit, eine unüberwindliche Kampfbegierde, die in der Geschichte kaum ihresgleichen haben. Wenn Frankreich damals zu retten gewesen wäre, er hätte es gerettet. Er zertrat mit eiserner Ferse den »Bund des Südens«, als er Losreißungsbestrebungen vom französischen Staate andeutete. Er jagte ohne Schwanken die Generalräte auseinander, die monarchistische Kundgebungen wagten. Als die Bank von Frankreich Schwierigkeiten machte, die von ihm geforderten Millionen für die Landesverteidigung vorzuschießen, drahtete er am 23. Dezember an de Roussy: »Ich bin zu allem entschlossen. Wenn es sein muß, zerschmettern wir die Bank und geben Staatspapiergeld aus.« Aus dem belagerten Paris flog er in einem Ballon in die Provinz hinaus und entflammte sie mit Brandreden zum »Krieg bis zum äußersten«. Er stampfte Heere aus dem Boden und fand ausgezeichnete Generale zu ihrer Führung, Aurelles de Paladine, Faidherbe, Chanzy, Bourbaki. Er war vom Geiste von 1793 erfüllt und versuchte das »Massenaufgebot« der großen Umwälzung. In ihm schlug damals das Herz Frankreichs, und lebte, wirkte, delirierte wohl auch ein wenig, der Gedanke des französischen Volkes. Er war der Abgott der Millionen und der Schrecken der kleinen Minderheit von Bedächtigen, Kühlen, Alten, die zu vernünftig waren, um mit dem Kopf gegen die Wand zu rennen. Thiers nannte ihn einen Tobsüchtigen, aber der Freiherr von der Goltz ist später seinem Wirken ritterlich gerecht geworden und hat erklärt, er habe Frankreichs Ehre gerettet, da er ihm den Sieg nicht geben konnte, und ein solcher Griesgram und Nörgler wie Hippolyte Taine schrieb während der Heftigkeiten des Diktators in einem Privatbrief: »Selbst wenn wir zermalmt werden, wird in jedem Falle die Ehre erhalten bleiben. Frankreich wird gezeigt haben, daß es zu Organisation imstande ist. Es wird dafür in Zukunft höher geachtet sein. Man wird weniger leicht versuchen, es als ein Polen zu behandeln. Man wird nicht glauben, daß es verfault, daß es zur Beute gut ist, was man geglaubt hätte, wenn es nach Sedan sofort klein beigegeben hätte. Das ist der klarste Gewinn, vielleicht das einzige gute Ergebnis des verlängerten Widerstandes. Freilich: mit wieviel Milliarden und Menschenleben wird es erkauft sein?«

Gambettas letzte Gewalttat war die Verordnung, die die Würdenträger des Kaiserreiches im Februar 1871 für unwählbar erklärte. Als seine Kollegen an der Regierung sie aufhoben, trat er zurück. Seine Diktatur war zu Ende, die epische Epoche seines Lebens abgeschlossen. Neun Departements wählten ihn in die Nationalversammlung, in der er am 1. März gegen den Vorfrieden mit Deutschland stimmte, wie er auch die feierliche Verwahrung der elsaß-lothringischen Abgeordneten gegen die Abtretung ihrer Wahlkreise an Deutschland unterzeichnete. Das war noch ein Weiterschwingen seiner Kriegsaufregung und machte ihn zu einem schwer erträglichen lebenden Vorwurf für die 546 Abgeordneten, die sich in das Unvermeidliche fügten und den

Friedensvertrag annahmen. Er blieb sich in seinem Verhältnis zu Deutschland immer selbst getreu.

Bismarck und Moltke gaben sich über die Wirkung der Losreißung Elsaß-Lothringens von Frankreich keiner Selbsttäuschung hin. Jener sagte, Deutschland werde in jedem Streit Frankreich an der Seite seiner Gegner finden, dieser sah voraus, daß Deutschland fünfzig Jahre lang gezwungen sein werde, zur Verteidigung seines Landerwerbes gerüstet zu bleiben.

Gambetta war die Verkörperung des Revanchegedankens. Das ist unbestreitbar. In Frankreich selbst empfand man ihn so, und als er zur Regierung berufen werden sollte, gaben seine Gegner das Schlagwort aus: »Gambetta ist der Weg.« Er selbst verstand jedoch seine Aufgabe anders, weniger eindeutig, weniger geradlinig. Zwar wies er den Gedanken eines Verzichts auf Elsaß-Lothringen weit von sich, doch war er sich der furchtbaren Gefahr eines Rachekrieges klar bewußt, und er überredete sich zu einer mystischen Hoffnung, das ersehnte Ziel ohne die Wanderung durch ein rotes Meer vergossenen Blutes erreichen zu können. So sagte er während der Wahlbewegung von 1876 in Lille in einer Rede vor einer großen Wahlversammlung: »Ich hoffe, daß wir eines Tages nur durch das Vorwiegen des Rechts unsere von uns getrennten Brüder wiederfinden werden, zum Nutzen des Gleichgewichtes in Europa und des Triumphes der Gerechtigkeit.« Etwas Bestimmtes kann man sich unter diesen verschwommenen Redensarten freilich nicht vorstellen, und deutlicher hat er sich nie ausgedrückt. Ein Hetzer ist er in keinem Augenblick gewesen. Zur Erwerbung billiger Volkstümlichkeit hat er seine Rückforderung nie erniedrigt. Er gab im Gegenteil die Losung aus:

»Denken wir immer daran, doch sprechen wir nie davon.« Denn wie er bei einer anderen Gelegenheit sagte: »Ich bin vor allem ein Vaterlandsfreund.« Die Vaterlandsliebe war seine Religion, die einzige, die er hatte, und sie war ihm zu heilig, um ihm als Mittel zu persönlichen oder politischen Zwecken zu dienen. In Berlin war man überzeugt, er treibe zum Kriege, um den blinden Leidenschaften der Menge zu schmeicheln. Graf von St. Ballier schrieb im Oktober 1873 an Thiers: »Der schwarze Punkt ist dort« (in Berlin) »wie allerwärts immer Herr Gambetta. Sein Name flößt einen Widerwillen ein, der sich mit neuer Gewalt geltend macht. Herr von Redern, ein Vertrauter des Kaisers, soll gesagt haben: »Wenn dieser Mensch zur Macht gelangt, so ist dies in unseren Augen mit der Herrschaft der Umwälzung gleichbedeutend, Und das würden wir nicht geschehen lassen.« Thiers erwiderte: »Herr Gambetta wird nicht mein Nachfolger werden. Das Land hat eine Abneigung gegen ihn bekommen. Die Bewegung ist in Frankreich wie überall in Europa und besonders in Deutschland demokratisch, doch keineswegs demagogisch.«

Gambetta wollte Frankreichs Heeresmacht entwickeln und suchte Anknüpfungen für künftige Bündnisse mit England, Italien und Rußland, wenn nicht mit dem amtlichen, doch mit dem General Skobeleff, dem man großen Einfluß auf die der russischen Politik zu gebende Richtung zuschrieb. Gleichzeitig aber ging ihm ein seltsamer Gedanke durch den Kopf, der nicht vollständig aufgeklärt ist. Schon 1878 hatte Graf Henckel von Donnersmarck eine Zusammenkunft zwischen ihm und dem Fürsten Bismarck vermitteln wollen, zu der die Anregung vom Reichskanzler ausging. Schon waren alle Einzelheiten vereinbart, als Gambetta im letzten Augenblicke zurückwich. Er fürchtete, durch seine Reise zum »Ungeheuer« (»le monstre«), wie er Bismarck immer nannte, seine Volkstümlichkeit zu gefährden, wenn nicht zu vernichten. 1882 aber war er es, der eine Begegnung mit Bismarck suchte und zu diesem Zwecke im tiefsten Geheimnis nach Friedrichsruh reiste. Die Zusammenkunft fand nicht statt. Es scheint, daß Fürst Bismarck sie im letzten Augenblicke abgelehnt hat. Es ist gut, daß die beiden einander nicht gesprochen haben. Die Unterredung hätte nichts Gutes ergeben. Gambetta konnte keine andere Absicht haben, als die Gestaltung der deutsch-französischen Beziehungen zu erörtern und seine Beredsamkeit an Bismarck zu versuchen, Bismarck aber war für Einwirkungen dieser Art völlig unzugänglich, und jeden Versuch, von Elsaß-Lothringen zu sprechen, hätte er schroff abgeschnitten. Der Abschied wäre wahrscheinlich sehr jäh und unwirsch erfolgt, und der Besuch hätte bei beiden, und besonders bei Gambetta, Eindrücke zurückgelassen, die das Verhältnis Frankreichs zu Deutschland wohl sehr verschlechtert hätten.

Es war eine merkwürdige Verkennung des Wesens Gambettas, daß man ihn für einen Umstürzler hielt. Diesen Irrtum beging man nicht in Berlin allein. Auch Thiers, der nicht die Entschuldigung der Entfernung hatte, verfiel in ihn. Er sagte von Gambetta: »Dieser Mann wird in der Haut eines Aufrührers sterben,« und zeigte damit nur, daß Weissagen nicht seine starke Seite war. Weit entfernt, in der Haut eines Aufrührers zu sterben, war er vielmehr in der Haut eines Regierungsmannes geboren. Er sagte in einer Pariser Wahlrede am 26. Juni 1871: »Seien wir eine Regierungspartei,« wenn er sich mitunter aufgeregt gebärdete, so war dies bloß eine widerstrebend angewandte Taktik, über die er in einem Brief an seine geliebte Freundin Madame Leonie Leon schrieb: »Ich muß zu meinem großen Mißvergnügen Vernunft und Gerechtigkeit in die Livree der Heftigkeit kleiden, um ihnen zum Triumph zu verhelfen,« und obgleich er unter dem Kaiserreich die Bezeichnung *les irréconciliables*«, »die Unversöhnlichen«, die Bilder von Barrikaden und Sturm auf die Tuilerien heraufbeschwören, in die Sprache der Politik einführte, bereicherte er diese später mit dem Ausdruck *»Opportunisme«*, der mit ihm bis an sein Ende verknüpft blieb. Sein Wesen war Ordnung, Zucht und Maß; er war so sehr die verkörperte Autorität, daß man ihn als Diktator verschrie. Er wollte die Listenwahl, weil sie sicherer als die Einzelwahl einer starken Persönlichkeit die gebieterische Leitung der Menge gestattete. Er leugnete in einer berühmten Rede in Hâvre, am 18. April 1872, die soziale Frage und erklärte: »Es gibt nicht eine soziale Frage, es gibt nur soziale Fragen. Die Aufgaben müssen der Reihe nach vorgenommen werden. Frankreich verlangt von seiner Regierung zwei Dinge: Ordnung und Freiheit.«

Diese entschlossene Gegnerschaft gegen gewaltsame und überstürzte Lösungen, gegen alles Übers-Knie-brechen machte Clemenceau und die Radikalen zu seinen bittersten Feinden und versöhnte Thiers völlig mit ihm.

Seine »République française«, die er im November 1871 gründete und die sein Organ blieb, zeichnete sich durch ihre ehrbare, beinahe pedantisch zeremoniöse Haltung aus, sprach immer im Regierungston und gestattete nie ein Wort, das nicht im tadellosesten Salon am Platze gewesen wäre. Er unterstützte Thiers bis zu seinem Sturz, er deckte seinen erbarmungslosen Feldzug gegen die Regierung des 16. Mai 1873 und gegen Mac Mahon mit seinem Namen, und er hätte ihn nach dem Sieg der 363 am 14. Oktober 1877 wieder zum Präsidenten gemacht, wenn er nicht unmittelbar vorher gestorben wäre. Als er die Regierung übernahm, stellte er unbedenklich den General de Miribel, den klerikalsten, monarchistischsten und reaktionärsten Offizier des Heeres, an die Spitze des Großen Generalstabs und ordnete ihm de Gallifet bei, den Würger der Kommune-Gefangenen. Die Radikalen stießen über diese Ernennungen ein Wutgeschrei aus, und Clovis Hugues rief Gambetta in der Kammer zu: »Wenn diese Männer Sie nach der Kommune an einer Straßenecke erwischt hätten, würden sie Sie auf der Stelle haben totschießen lassen.« Das verschlug bei Gambetta nichts. Er glaubte, Miribel und Gallifet seien für das Heer wertvoll, und darum verwertete er ihre Fähigkeit, ohne sich um ihre Meinungen zu bekümmern. Der alte »Unversöhnliche« war er nur in einem Punkte: wo es sich um die Herrschgelüste der Kirche handelte. In einer Rede in St. Julien, am 20. Oktober 1872, sprach er das geflügelte Wort: »Der Feind, das ist der Klerikalismus,« dem Kabinett vom 16. Mai brach er den Hals, indem er in der Kammer am 18. Mai rief: »Das Land duldet keine Pfaffenregierung!« was dann in allen Wählerversammlungen mit durchschlagendem Erfolge wiederholt wurde, und er entwurzelte den Einfluß der Rückschrittsparteien im Lande, indem er sie leidenschaftlich anklagte, die weltliche Herrschaft des Papstes wiederherstellen zu wollen und zum Krieg mit Italien zu treiben. Doch selbst hier war dem *»irréconciliable«* der *»opportuniste«* gesellt, und als man versuchte, den geistlichen Orden in der Türkei, die er als Stützen des französischen Einflusses in jenem Staat ansah, die Gönnerschaft der Regierung zu entziehen, entschied er: »Der Antiklerikalismus ist kein Ausfuhrartikel.«

Nach dem Sturze des Ministeriums Broglie durch eine Mehrheit, die Gambettas Leitung folgte, hätte die parlamentarische Wahrheit erfordert, daß Mac Mahon ihn zur Regierung berufe. Gambetta hätte vielleicht angenommen. Mac Mahon wich jedoch von der Regel ab, versuchte es zuerst mit dem schwachmütigen Staatsstreichgeneral de Rochebouet und dann mit

Dufaure, den der Präsident einmal dazu benutzte, um die Linke für sich zu gewinnen, und dann, um bei der Rechten die Verzeihung für seine Waffenstreckung zu erlangen. Gambetta blieb im Hintergrund, übte aber von da einen derart bestimmenden Einfluß auf die Kammermehrheit, daß seine Feinde das Märchen von seiner »Diktatur« und seiner »Geheimregierung« mit Erfolg verbreiten konnten.

Als Mac Mahon im Januar 1879 ging, schien alles Gambetta als seinen natürlichen Nachfolger zu bezeichnen. Er wollte jedoch nicht Bewerber sein und die Mehrheit wählte Grévy zum Präsidenten. Immerhin galt Gambetta von da ab als der Dauphin der Republik. Grévy, der ihn nicht liebte, erlangte von seinen Parteigängern seine Wahl zum Kammerpräsidenten, um ihn in diesem Amt kaltzustellen. Er bemühte sich ehrlich, als Vorsitzender über den Parteien zu stehen, er blieb indes dennoch der Führer seiner Partei und stieg in die Arena hinab, wenn er in den Kampf eingreifen zu müssen glaubte. Im Herbst 1881 trat er den Vorsitz an Brisson ab und war wieder frei.

Im vorhergehenden August hatte er mit Heftigkeit seinen Bruch mit dem Radikalismus vollzogen. Die Wähler der Pariser Vorstadt Charonne, vor denen er sprechen wollte, hatten ihn mit Pfeifen und Johlen am Reden verhindert, er aber hatte mit seiner Löwenstimme den Lärm übertönt und ihnen zugedonnert: »Ihr seid besoffene Sklaven! Ich werde euch in euern Schmutzhöhlen zu finden und zu packen wissen!« Nur ein schleuniger Rückzug, den seine Leibwache von Freunden deckte, konnte ihn vor tätlichen, vielleicht mörderischen Angriffen retten. Wer ihn jetzt noch einen Demagogen hätte nennen wollen, würde ein Hohngelächter hervorgerufen haben.

Die am 21. August 1881 gewählte Kammer begann am 28. Oktober ihre Tagung. An der Spitze der Regierung stand Jules Ferry. Die Besetzung Tunesiens, die er im Sommer durchgeführt hatte, wurde von der verwirrten öffentlichen Meinung und der mißtrauischen Kammermehrheit nicht verstanden, und eine Interpellation, mit der man ihm ungesäumt an den Leib ging, führte am 9. November seinen Rücktritt herbei. Jerry fiel, weil er Tunesien dem französischen Besitz angegliedert hatte, Gambetta hatte diese Politik gutgeheißen, gleichwohl erhielt er am 10. November den Auftrag, ein Ministerium zu bilden. Ein Widerspruch und eine Unbegreiflichkeit, wie sie in ungeklärten Lagen einer neugewählten, noch halb unbewußten Kammer vorkommen, in der die Mehrheit sich sucht, sich jedoch noch nicht gefunden hat.

Gambetta nahm den Auftrag an. Hätte er abgelehnt, würde er das Märchen von seiner geheimen Regierung und Kulissendiktatur zu rechtfertigen geschienen haben. Aber er wußte, daß er in der neuen Kammer Schiffbruch erleiden werde. Er wollte ein Ministerium bilden, das man im voraus »das große Ministerium« nannte, weil es fast durchweg aus ehemaligen Ministerpräsidenten zusammengesetzt sein sollte, aus Freycinet, Jules Ferry, Léon Say, Henri Brisson. Diese klugen und erfahrenen Politiker lehnten jedoch ab. Sie trauten seinem Stern nicht. Er ließ sich also ziehen und hielt sich an seine Freunde und Jünger: Waldeck-Rousseau, Paul Bert, Raynal, Spuller usw. Nun spotteten die Parlamentarier und die Presse, es sei »das kleine Ministerium«! Sein Leben war kurz, sein Ende unrühmlich. Schon nach drei Monaten, am 26. Januar 1882, führte ein Antrag, die Verfassung einer Durchsicht zu unterziehen, seinen Sturz herbei. Ein unnatürliches Bündnis der äußersten Linken unter Clemenceaus Führung und der Rechten verdrängte ihn von der Regierung. Die Revisionsfrage war ein Vorwand. In Wirklichkeit war die entscheidende Abstimmung ein Scherbengericht. Er war vielen zu groß geworden. Er nahm in der Republik einen zu breiten Platz ein.

Sein Sturz verkleinerte Gambetta nicht. Auch seine Überwinder wußten sehr wohl, daß seine dreimonatige Ministerpräsidentschaft nur ein Probeгennen war, der die eigentliche Leistung erst folgen sollte. Zu dieser kam es nicht. Am 16. Dezember desselben Jahres verwundete er sich zufällig in seinem Landhaus zu Ville d'Avray bei Paris. Um den Unfall rankte sich ein abenteuerliches Sagengestrüpp. Eine Freundin, mit der er brechen wollte, hätte auf ihn geschossen. Das ist eine alberne und böswillige Erfindung. Er hatte eine Herzensbeziehung zu einer Frau Leonie Léon, die 1869 in heißer Liebe zu ihm entbrannt war, als sie ihn von der Galerie der gesetzgebenden Körperschaft sah und eine seiner hinreißenden Reden hörte. Sie suchte seine

Bekanntschaft und fand sie leicht. Er war in ihrem Besitze namenlos glücklich und ließ nie von ihr. Er vermied öffentliches Ärgernis und lebte nicht mit ihr zusammen. Er machte sie aber zur Genossin seiner Pläne und weihte sie in seine geheimsten Gedanken ein. Er hatte die Gewohnheit, ihr täglich aus der Kammer, auf seinen Reisen, in seinen Ausschußsitzungen zu schreiben, und die großenteils veröffentlichten Briefe sind eine unschätzbare Quelle zu seiner Kenntnis. Er wollte sie heiraten und flehte sie jahrelang um ihre Einwilligung an. Sie verweigerte sie, weil sie fürchtete, eine Kette an seinem Fuß zu sein und ihn an der Vollendung seiner großen Geschicke zu verhindern. Die Wahrheit ist, daß ein Revolver, den er handhabte, sich zufällig entlud und daß die Kugel ihm in den Handteller und den Vorderarm drang. Während er wegen dieser Verletzung das Bett hütete, erlitt er einen heftigen akuten Anfall einer chronischen Blinddarmentzündung, an der er seit Jahren gelitten hatte, ein Eiterdurchbruch veranlaßte eine allgemeine Bauchfellentzündung, und in der Neujahrsnacht von 1883 starb er an einer Krankheit, die man damals noch nicht richtig zu behandeln verstand und von der er in unsern Tagen durch einen rechtzeitigen chirurgischen Eingriff sicherlich geheilt worden wäre.

Sein Tod wurde als Nationalunglück empfunden, seinem Sarge folgten am 7. Januar in Paris mehrere Hunderttausend Leidtragende. An seinem Grabe verstummten alle feindlichen Stimmen. Er war nicht mehr Vitellius, er war die entschwundene Hoffnung Frankreichs, der Held von 1870, der größte Redner, den die französische Tribüne seit Danton gekannt hatte.

Sein Denkmal von Morice vor dem Louvre, gewaltig, verwickelt, überladen und mittelmäßig, zeigt ihn in ganzer Gestalt, in einem philiströsen Bratenrock, dem im Sturm zurückfliegende offene Schöße vergebens eine romantische Physiognomie zu geben suchen, mit heftig in den Nasen zurückgeworfenem, langhaarigem Kopf und starr ausgestreckter Hand, die auf ein Ziel in der Ferne weist. Das ist der Gambetta von 1870, der den Heiligen Krieg mit flammendem Munde predigt und mit dem Finger auf Straßburg zeigt, um der französischen Nationalenergie die Richtung anzugeben. Das ist ein Anblick Gambettas. Es ist nicht der einzige. Es ist nicht der bedeutendste. Er läßt den vorsichtigen, weitherzigen, nicht zu entmutigenden Staatsorganisator und Volkserzieher im Schatten, der das demokratische und republikanische Frankreich auf den Wegen der Ordnung, der Gesetzlichkeit, der allmählichen, organischen Entwicklung zu den höchsten Geschicken führen wollte.

Jules Grévy

Die Geschichte kann das Witzemachen nicht lassen. In einem der kritischsten Augenblicke der dritten Republik mußte just der Mann ihr Präsident werden, der seine politische Laufbahn damit begann, daß er in der Nationalversammlung von 1848, kaum zu ihrem Zweiten Vorsitzenden gewählt, den Antrag stellte, die Präsidentenwürde abzuschaffen und an die Spitze der Regierung ein häufiger Erneuerung zu unterwerfendes Ministerkollegium zu stellen. Beging er eine Folgewidrigkeit, als er 31 Jahre später das Amt annahm, dessen Überflüssigkeit er einst scharfsinnig und überzeugend nachgewiesen hatte? Nein. Denn als Präsident bemühte er sich mit Erfolg, der lebendige Beweis zu sein, wie richtige Ansichten er als Abgeordneter vertreten hatte.

Daß Grévy die Präsidentschaft annahm, war von ihm ein Opfer. Ein helläugiger Beobachter und selbsttäuschungsloser Kenner seines Volkes, wußte er, daß die Franzosen, wie die Frösche der Fabel, noch nicht ohne Oberhaupt sein konnten, und er zog vor, selbst der harmlose Holzpflock zu sein, damit nicht, wenn er diese verdienstliche, doch undankbare Rolle ablehnte, ein bedenkenfreier Storch sie übernahm. Oder sagen wir, wenn man Holzpflock für ein verletzendes Gleichnis halten sollte, Grévy habe sein Amt als ein rein dekoratives aufgefaßt. Er brachte es über sich, seine Persönlichkeit aufzugeben und nur ein Grundsatz zu sein. Er war die Ausgleichung des Widerspruchs, daß eine auf dem allgemeinen Stimmrecht beruhende Republik, also die Leugnung des persönlichen Regiments, an die Spitze ihres Regiments eine mit Willen und Macht ausgerüstete Persönlichkeit setzt. Der 16. Mai 1877 hatte gezeigt, welche Störungen eine derartige Persönlichkeit hervorrufen könne. Grévy wollte im Gegensatz zu seinem Vorgänger Mac Mahon keinen Willen und keine Macht entfalten. Er war wie das Bild auf einer Münze: er trat mit kaum merklicher Erhöhung von der Fläche der verfassungsmäßigen Gewalten hervor; man sieht es, doch man fühlt es nicht. Dieses freiwillige Sichverflachen, dieses Verbergen der individuellen Physiognomie hinter der typischen Maske des obersten Würdenträgers der Republik war das Verdienst und die Bedeutung der Präsidentschaft Grévys.

Jules Grévy, der 1807 geboren war und 1891 starb, war der Sohn von Landleuten und ein Abkömmling eichenfester Jurabauern. Seine Rechtsstudien machte er in Paris. Er kam während der Tage der Juli-Erhebung nach der Hauptstadt und beteiligte sich mit dem Feuer schwärmender Jugend an den Straßenkämpfen. Er schrieb darüber seinem Vater in seinem ersten Brief aus Paris: »*Je suis venu à Paris pour faire mon droit et – mon devoir.*« »Ich bin nach Paris gekommen, um das Recht zu studieren und meine Pflicht zu tun«; eine kahle Übersetzung, die das hübsche Wortspiel der Ursprache nicht wiedergibt. Nach Beendigung seiner Studien kehrte er in sein Heimatsdepartement zurück und wirkte als vielbeschäftigter Rechtsanwalt, bis ihn nach der Februar-Umwälzung seine Mitbürger in die Nationalversammlung wählten. Hier lenkte er die allgemeine Aufmerksamkeit zuerst durch seinen Zusatzantrag zur Verfassung auf sich, der die Abschaffung der Präsidentenwürde bezweckte. Er ließ sich von der Regierung als Kommissar in den Jura senden, wo er sich tapfer persönlicher Gefahr aussetzte, um Leben und Eigentum der Besitzenden gegen anarchistische Anwandlungen des Pöbels zu verteidigen. Napoleons Staatsstreichsgehilfen urteilten am 2. Dezember 1851, daß Grévy einer der gefährlichen Politiker sei, deren man sich versichern müsse, und er erfuhr die Auszeichnung, wie sein weit berühmterer Kollege Thiers ins Mazas-Gefängnis gesteckt zu werden. Nach diesem Zwischenfall blieb er in Paris und ließ sich in die Anwaltskammer (»*le barrau*«) aufnehmen. Seine kühle, überlegene Ruhe, seine knappe, sachliche, trocken witzige Beredsamkeit, sein juristischer Scharfsinn brachten ihm rasch im Gerichtspalast eine erste Stellung ein. Es schadete ihm nicht, daß er ein wohlhabender Mann war. Man schätzte sein Vermögen auf eine Million, die er zum kleinem Teil selbst erworben, zum größern geerbt hatte. Die Bauern des französischen Ostens sind vielfach reiche Leute, die für die Erziehung ihrer Kinder jedes Opfer bringen und sie gut ausstatten können. Auch die beiden Brüder des Präsidenten hatten eine Laufbahn, wie sie anderwärts den Söhnen eines einfachen Ackerbürgers kaum beschieden ist: der eine wurde Kommandierender General, der andere Senator und Generalgouverneur von Algerien.

Ehe er in den Elyséepalast einzog, hatte Jules Grévy fünfzehn Jahre lang eine bescheidene Wohnung drei Treppen hoch in der Rue St. Arnaud inne. Er gab sie auch nicht auf, als er zum Präsidenten gewählt wurde, und kehrte in sie zurück, als seine Präsidentschaft ein etwas gewaltsames Ende erreichte. In der höchst einfachen Zimmereinrichtung fiel nur ein Prachtstück auf: eine reizende Marmorgruppe von Carpeaux, zwei spielende halbwüchsige Mädchen darstellend.

Politisch trat er während des Kaiserreichs nicht hervor. Erst 1868 ließ er sich in die gesetzgebende Körperschaft wählen, in der er sich der Opposition anschloß, ohne an den Heftigkeiten Gambettas und Rocheforts teilzunehmen, an Streitbarkeit mit Jules Ferry, an rednerischer Emphase mit Jules Favre wetteifern zu wollen. Nach dem Sturz Napoleons III. in die Nationalversammlung geschickt, wurde ihm allseitig eine führende Rolle in der Minderheit zuerkannt. Der dringenden Empfehlung Thiers' verdankte er seine Wahl zum Ersten Vorsitzenden. Er unterstützte Thiers, doch ohne sich zu ereifern. Er war Republikaner, doch gemäßigt. Er bekämpfte die monarchistische Mehrheit, doch ohne unnötige Herausforderung. Gambetta liebte er nicht. Er war ihm zu heftig. Er hatte gegen ihn das Mißtrauen und die Kälte des gesetzten, allem Überschwang abgeneigten Nordfranzosen gegen den stürmisch brausenden Südfranzosen. Er wurde der natürliche Mittelpunkt der Gruppe, die die Republik, die Demokratie, die fortschrittliche Erneuerung der französischen Staats- und Gesellschaftseinrichtungen wollte, aber nicht in der galoppierenden Gangart, die sie fälschlich Gambetta zutraute.

Im Kampfe gegen den 16. Mai stand er seinen Mann. Den ersten Lohn seiner Festigkeit fand er in der Auszeichnung, nach dem Tode Thiers' von dessen Wahlkreis, dem 9. Pariser Stadtbezirk, als sein Nachfolger in die Kammer gewählt zu werden, die ihn wieder zu ihrem Vorsitzenden ernannte. Er blieb indes auch jetzt bedächtig. Als das Gerücht zu schwirren begann, daß das Ministerium de Rochebouet einen Staatsstreich sinne, trat ein achtzehnmitgliedriger Ausschuß der Republikaner zusammen, um den Widerstand zu organisieren. Gambetta wollte, daß man Mac Mahon und seiner Regierung gegebenenfalls mit den Waffen entgegentrete. Die Mehrheit stimmte ihm zu. Grévy widerriet mit großer Bestimmtheit jeder Gewalttat. Man müsse, sagte er, fest auf dem Boden der Gesetzlichkeit stehen und alle Schuld den Gegnern lassen. Man dürfe den Titel eines Abgeordneten oder Kammervorsitzenden nicht als Waffe im Bürgerkriege gebrauchen. Komme es zum äußersten, so müsse man den Auftrag niederlegen. Als Privatmann habe dann jeder zuzusehen, wie er seine Bürgerpflicht erfülle. Diese Haltung ist bezeichnend für den vorsichtigen Politiker, der auch in Ausnahmelagen nicht aufhört, Jurist zu sein. Nach dem Rücktritt Mac Mahons war Grévy der einzige Bewerber um die Präsidentenwürde, da Gambetta es abgelehnt hatte, sich gegen ihn aufstellen zu lassen. Seine Wahl bildete ein Datum in der Geschichte Frankreichs. Sie bedeutete, daß Frankreich sich endlich offen zum Geiste seiner Verfassung bekannte. Die Feinde der Republik in Frankreich und außerhalb hatten sie nicht ernst genommen, solange ihr Präsident ein Marschall gewesen war. Das klang noch harmonisch mit monarchischen Überlieferungen und Anschauungen zusammen. Sobald es nur ein Soldat ist, der an der Spitze des Reiches steht, kommt es auf seinen Titel nicht an. Ob er nun Podestà oder Doge oder Präsident oder König heißt, das macht für eine etwas höhere Auffassung keinen Unterschied. Die Hauptsache ist, daß der Grundsatz der persönlichen Autorität, des Befehlens und Gehorchens ohne Widerrede zur Geltung besteht und der Untertanrespekt vor dem Säbel und der goldgestickten Uniform gewahrt bleibt. Der Marschall Mac Mahon hatte während seiner Präsidentschaft eine richtige Hofhaltung im Elysée. Er war von drei Adjutanten und etlichen Zeremonienmeistern umgeben, hatte einen Hofkaplan, einen Hausalmosenier, er sprach von »seiner« Armee, »seiner« Regierung, sogar »seinem« Volke. Am 1. Juli 1877 richtete er nach einer Truppenschau in Longchamps an das Heer einen Tagesbefehl, in dem es hieß: »Soldaten! Ihr begreift eure Pflichten, ihr fühlt, daß das Land euch die Hut seiner teuersten Interessen anvertraut hat. Ich zähle auf euch, um sie bei jeder Gelegenheit zu verteidigen. Ich bin sicher, daß ihr mir helfen werdet, den Respekt vor der Autorität und den Gesetzen in der Ausübung der Sendung aufrechtzuerhalten, die mir anvertraut ist und die ich bis zu Ende erfüllen werde.« Ein Selbstherrscher kann kaum anders sprechen. Jeden Augenblick wurden Leute, die von seiner Gottähnlichkeit nicht zu überzeugen waren, wegen Marschallsbeleidigung – man war versucht, »wegen Majestätsbeleidigung« zu sagen – zu schweren Strafen verurteilt, und öffentliche Beamte der Republik beteuerten fortwährend ihre Ergebenheit für die Person des Herrn de Mac Mahon, Herzogs von Magenta und Abkömmlings irischer Könige einer unbestimmten Fabelzeit. Das sah allerdings einer Monarchie zum Verwechseln ähnlich, und die Feinde der Republik hatten recht, zu schmunzeln, wenn von dieser die Rede war. Erst die Wahl Grévys machte der monarchistischen Komödie im Elysée ein Ende. Erst seitdem war die Republik eine wirkliche Republik.

Grévy war ein Bürger in der großen und kleinen Bedeutung des Wortes. Seinen Namen zierte kein »de«, sein Knopfloch kein Endchen bunten Bandes. Er besaß im Augenblick seiner Erwählung keinen einzigen Orden, auch nicht den der Ehrenlegion. Das große Band legte er zum erstenmal am 14. Juli 1880 an, als an das erneuerte Heer die neuen Fahnen verteilt wurden. Auch dann faßte er es als ein unpersönliches Abzeichen auf, das die Würde des Staatsoberhauptes begleitet, ohne an dem Menschen zu haften, und als er ins Privatleben zurücktrat, verzichtete er wieder auf die Farbwirkung des roten Bändchens. Er war Demokrat im Privatleben und blieb Demokrat als Präsident der Republik, das erste Beispiel seit 1793. Lamartine war seinen Neigungen und seiner Abstammung nach Aristokrat, ebenso Cavaignac, dessen Soldatennatur die Demokratie ausschloß. Thiers war in seinem Gefühl Monarchist, vieljähriger Diener und Freund eines Königs, verliebt in Hofzeremoniell, Kenner und sorgfältiger Beobachter jeder Etikette; es war einer der schönsten Tage seines Lebens, als er das spanische Goldene Vlies erhielt, und wenn er von dem Baronstitel, den ihm König Ludwig Philipp beschert hatte, keinen Gebrauch machte, so war es wohl, weil ihm dieser Adelsrang nicht hoch genug schien, um mit ihm Staat zu machen. Grévy aber war ein wirklicher und überzeugter *»égalitaire«*; es hätte ihm nichts gemacht, »Bürger Präsident« angeredet zu werden, und er tat, was an ihm lag, um aus dem vornehmen Elyséepalast ein europäisches Seitenstück des Weißen Hauses von Washington zu machen.

Grévy war gewöhnlich ernst und schweigsam, er besaß jedoch die Gabe treffender epigrammatischer Bemerkungen. Als Regierungskommissar im Jura führte er sich 1848 mit der Erklärung ein: »Ich will nicht, daß die Republik Furcht einjage.« An Napoleons Plebiszit nach dem Staatsstreich übte er diese Kritik: »Die Antwort, die man vom Volk verlangt, ist ein Befehl, den man ihm erteilt.« Im Mai 1877 ließ er einmal eine außerordentliche Sitzung der Kammer einberufen. Der Vorsteher der Hausbeamten fragte ihn, ob die Einberufung im Amtsblatt veröffentlicht werden oder eine persönliche für jeden einzelnen Abgeordneten sein solle. »Sie soll persönlich sein, wie die gegenwärtige Regierung,« war seine Antwort.

Seine Erscheinung war eindrucksvoll. Er war groß, stark, breitschultrig, der Typus jenes tüchtigen ostfranzösischen Menschenschlags, in dem das fränkische und burgundische Blut vor dem gallischen weit vorwiegt. Sein geräumiger Schädel war kahl, Oberlippe und Kinn trug er rasiert, das kräftige, verschlossene Gesicht war von weißen starken »Favoris« eingerahmt, die korrekte Rechtsanwaltsmaske aus der Mitte des 19. Jahrhunderts. Sein Mund hatte gewöhnlich einen etwas harten Zug, war jedoch eines gewinnenden Lächelns fähig. Fürst Hohenlohe hat in seinem Tagebuch unfreundlich von ihm gesprochen. Er sagt ihm nach, er habe sich mit dem Finger in der Nase gebohrt, während der deutsche Botschafter mit ihm plauderte. Fürst Hohenlohe hat da eine Flüchtigkeit begangen. Grévy hatte die Gewohnheit, sich, wenn er aufmerksam zuhörte, den rechten Zeigefinger an die Nase zu legen und sie mit dem Daumen zu streicheln. Diese vielleicht nicht gerade elegante, doch nicht anstößige Bewegung hat Fürst Chlodwig bedauerlich mißdeutet.

Der bonapartistische Abgeordnete Mitchell sagte von Grévy im Dezember 1877, als zuerst davon die Rede war, ihn zum Nachfolger des sich mit Rücktrittsgedanken tragenden Mac Mahon zu machen: »Ich habe Angst vor diesem Menschen. Er hat kein galantes Verhältnis, man hat ihn nie eine Karte anrühren sehen, und er trinkt weder Wein noch Likör. Ein unheimlicher Mensch!« Die Tatsachen waren richtig. Er verabscheute die Karten, und man kannte keine Frau, der er den Hof gemacht hätte. Das Schlimmste, was der Wandelgangklatsch ihm aufmutzte, war, daß er als Kammervorsitzender mit schönen und eleganten Galeriebesucherinnen gern liebäugelte, es bis zum Austausch pikanter Briefchen kommen ließ und sich mitunter so sehr in ein anziehendes Lärvchen vergaffte, daß er der Verhandlung nicht folgte, Ungehörigkeiten ohne Rüge durchgehen ließ und in seiner Unaufmerksamkeit gelegentlich wohl auch einen Bock schoß, was bei einem hohen Sechziger eine merkwürdige Empfänglichkeit für Frauenreiz bezeugte. Er war ein ausgezeichneter Schachspieler und ließ auch als Präsident einen langjährigen bescheidenen Partner ein- bis zweimal wöchentlich ins Elysée kommen, wo er die Ehre hatte, das Staatsoberhaupt matt zu machen, wenn er nicht den Höflingstakt hatte, sich von ihm matt machen zu lassen. Seine Enthaltung von allen geistigen Getränken machte Grevy durch eine wahre Leidenschaft für Kaffee wett. Um sich seines Lieblingsgetränks stets in gleicher Vorzüglichkeit zu erfreuen, bereitete er es sich in der Regel selbst. Man erzählte sich in diesem Zusammenhang eine drollige Anekdote von ihm. Er war einmal von dem Abgeordneten Menier mit seinem Freunde Bethmont zu einer Jagdpartie geladen. Die beiden Gäste verirrten sich im Wald und gerieten auf der Suche nach dem rechten Wege in ein einsames Wirtshaus. Sie waren müd und durstig und verlangten zu trinken. Bethmont war mit dem vorhandenen Krätzer gedient, Grévy, der den Wein verabscheute, wünschte Kaffee. Zum Staunen seines Freundes wandte er sich an den Wirt mit der Frage: »Haben Sie Zichorie?« »Gewiß, mein Herr.« »Bringen Sie mir sie.« Der Wirt ging und kam mit einem Röllchen Zichorie wieder. »Haben Sie noch?« »Ein klein wenig.« »Bringen Sie mir auch das.« Der Wirt entfernte sich wieder und brachte diesmal nur ein halbes Röllchen, nicht ohne seinen Gast verwundert anzusehen. »Ist das alles?« »Ja. Mehr habe ich nicht.« »Schön. Nun gehen Sie und bereiten Sie mir eine Tasse Kaffee.« Bethmont und der Wirt lachten herzlich, und Grévy hatte das Kunststück vollbracht, von einem Bauerwirt Kaffee ohne Zichorie zu erlangen. Seine einfachen Gewohnheiten gestatteten ihm eine weise Sparsamkeit. Da er auch im Elysée nicht viel anders lebte als in seinem dritten Stock der Rue St. Arnaud, legte er ungefähr sein ganzes Präsidentengehalt auf die hohe Kante, und die bösen Zungen rechneten ihm nach, daß er sich von 1879 ab jährlich für eine Million Pariser Häuser kaufte. Sein Bauerinstinkt mißtraute jedem Papier und beruhigte sich nur mit einer sichern Anlage in Grundbesitz.

Es ist tragikomisch, daß dieses Vorbild ehrbar biedermännischen Bürgertums und kleiner negativer Mittelstandstugenden gerade von einem Aufruhr des empörten Sittlichkeitsgefühls weggefegt werden sollte. Grévy war nach Ablauf seiner ersten siebenjährigen Amtsdauer 1886 wiedergewählt worden. Seine tadellose Handhabung der Präsidentengewalt, seine absichtliche Farblosigkeit hatten ihm alle republikanischen Parteien gewonnen. Im Ministerrat, dem er vorsaß, beschränkte er sich darauf, die Beschlüsse der Kabinettsmehrheit zusammenzufassen, wie ein Richter den Wahlspruch der Geschworenen verkündet, ohne seine eigene Meinung durchschimmern zu lassen. Er lehrte, im Präsidenten der Republik nichts zu sehen als den Schlußstein der verfassungsmäßigen Gewalten, der sich jeder tätigen Eigenbewegung enthalten muß, soll er nicht das Gewölbe erschüttern, dessen Halt und Siegel er sein muß. Das Unheil, das über ihn hereinbrach, ging denn auch nicht von ihm aus und war nicht von ihm verschuldet.

Er hatte 1881 seine einzige Tochter Alice mit dem Abgeordneten Daniel Wilson, damals einem einundvierzigjährigen ehrgeizigen Politiker, dem Schloßherrn von Chenonceau, verheiratet. Er wollte sich von seinem Kinde nicht trennen – diese Vaterzärtlichkeit vervollständigt sein anheimelndes Charakterbild – und ließ das Ehepaar bei sich im Elyséepalast wohnen. Wilson strebte nach hohen Zielen. Er wollte Parteiführer, Regierungsmitglied, Ministerpräsident werden und gedachte taktlos das Ansehen seines Schwiegervaters in den Dienst seiner Pläne zu stellen. Er gründete ein Tageblatt, »La petite France,« und wollte es gleichzeitig in verschiedenen Provinzausgaben erscheinen lassen. In seinem Organ bekämpfte er besonders Gambetta und nach dessen Tode seine Partei, die »Republikanische Vereinigung«. Diese vergalt Hieb mit Hieb. Sie erhob heftigen Einspruch dagegen, daß Wilsons Blatt unter dem Dach des Elyséepalastes redigiert wurde, wodurch es in den Augen der Menge den Anschein gewann, die Eingebungen des Präsidenten zu verbreiten, und ihn aus seiner Stellung über den Parteien mitten in ihren Kampf hineinstieß. Sie entdeckte, daß Wilson das dem Präsidenten allein zustehende Recht unentgeltlicher Briefbeförderung für sich benutzte und seine ganze Post unfrankiert versendete; ferner, daß er von einem Großkaufmann in Hâvre für seine Zeitungsunternehmungen 100 000 Franken bekommen hatte, wofür er ihm das Bündchen der Ehrenlegion verschaffte. Die mißbräuchliche Benutzung der Postfreiheit war ein läßliches Vergehen, das überall, wo diese Freiheit für die Parlamentarier besteht – wie früher in England und jetzt in Spanien – gang und gäbe ist und ohne Bemerkung geduldet wird. Die Verleihung von Orden und Titeln an unbescholtene Männer als Belohnung für Geldopfer zu Parteizwecken ist in England, um nur ein Land anzuführen, eine offen geübte Methode, an der niemand Anstoß nimmt. Wilson aber war der Sohn eines Engländers und hatte von seinem Vater englische Anschauungen überkommen. Seine Gegner jedoch erhoben ein wütendes Geschrei über Betrug, Hinterziehung, Ordensschacher, Bestechung, die Feinde der Republik wiederholten mit überschwenglicher Schadenfreude diese Anklagen und verallgemeinerten sie zur Beschuldigung tiefer Verderbnis der Republik, der Sturm tobte um das Elysée und hüllte auch Grévy in seine Wirbel. Die Kammer forderte in einer Tagesordnung seinen Rücktritt. In einer vorbildlich würdigen Botschaft ermahnte er sie, sich nicht von einer unüberlegten Laune hinreißen zu lassen und nicht das Beispiel einer leichtblütigen Mißachtung der Verfassung zu geben. Sie beharrte bei ihrem Beschluß, in Dauersitzung versammelt zu bleiben, bis der Präsident ihr seine Abdankung übermittelt haben würde. Grévy war damals, 1887, achtzig Jahre alt. Er wollte nichts mehr als Ruhe. Zum Kampf gegen die Kammer, vielleicht zu ihrer Auflösung und zur Anrufung des Landes gegen sie, hatte er weder den Willen noch die Kraft. Er warf also sein Amt hin, verließ das Elysée, zog still wieder in seine Rue St. Arnaud, die inzwischen ihren Namen geändert hatte, und lebte dann noch vier Jahre lang in strenger Zurückgezogenheit als ironischer Zuschauer der weitern Entwicklung der Dinge. Er sah noch den Boulangismus und den Panamaskandal, die ihn an den Catonen rächten, von denen er im Namen der gekränkten Tugend geopfert worden war. Genugtuung empfand er jedoch darüber nicht, denn er war seinem Vaterland innig ergeben und litt unter jeder Schmähung von dessen gutem Ruf mehr als unter der seines eigenen.

Jules Ferry

Jules Ferrys Geschick ist eine echte Tragödie, die alle Bedingungen dieser Dichtungsgattung erfüllt. Ein mächtiger Wille kämpft für große Ziele mit Widerständen, die seiner würdig sind. Das Fleisch erliegt, der Gedanke siegt. Der Held ist immer guten Glaubens, aber seine Gegner, wenigstens die ausschlaggebenden, wenngleich nicht ihre gelegentlichen Bundesgenossen, sind es nicht minder. Der eine wie die anderen handeln nach ihrem kategorischen Imperativ ohne Rücksicht auf ihr persönliches Wohl, und jener wie diese sind unerschütterlich überzeugt, daß sie recht haben. Sie haben es auch unzweifelhaft, jeder vom eigenen Standpunkt. Diese Standpunkte selbst jedoch über die sie zeitweilig vertretenden vergänglichen Menschen hinaus vergleichend zu beurteilen ist die Aufgabe der Geschichte.

Jules Ferry wurde in Saint-Dié im Vogesendepartement 1832 geboren. Sein Vater war Rechtsanwalt, seine Mutter die einzige Tochter eines Gerichtsvorsitzenden. Sein Großvater war Ziegelbrenner und Bürgermeister von St. Dié, die älteren Ahnen waren Glockengießer, Schöffen und Ratsherren derselben Stadt. So stammt er väterlicherseits aus dem guten festgewurzelten Bürgertum und durch die Mutter aus dem Richteradel, die unter dem *ancien régime* als dritter Stand und als zweifelhafter Einschluß in den zweiten die Schmiede der Staats- und Volksgeschicke waren und zu allen Großtaten Frankreichs die Arme und die Herzen, das Blut, das Hirn und das Gold lieferten. Tief in den heimischen Boden gepflanzt, hatte Ferry den Gesichtskreis seiner Kindheit und Jugend, der auch derjenige aller seiner Vorfahren bis in unvordenkliche Zeiten gewesen war, fortwährend als selbstverständlichen Schauplatz seiner geheimsten Gedanken und Träume vor dem innern Auge, und noch in seinem letzten Willen schreibt er: »Ich wünsche in demselben Grabe zu mein wie mein Vater und meine Schwester, im Angesicht jener blauen Vogesenzeile, von der die Klage der Besiegten bis zu meinem treuen Herzen dringt.« Dem innersten Mark des französischen Stammes entsprossen, verkörperte er dessen ausgezeichnete Eigenschaften ebenso wie die minder rühmlichen und war in seinem Fühlen und Denken immer eins mit ihm. Und hier beginnt die Tragödie: dieser typische Volksmann war zeitlebens das Opfer des tiefsten Volkshasses.

Sein Äußeres bezeugte wie sein Name die alte romanisierte Form des fränkischen Friedrich, den starken germanischen Einschlag, den man in der ganzen östlichen Grenzbevölkerung Frankreichs antrifft. Er war von hohem Wuchs, breitschultrig, blond an Haar und Bart, die allerdings früh ergrauten, helläugig und langschädelig. Er war für den Kampf ums Dasein ausgerüstet wie selten jemand. Stark, kühn und dauerbar war er den meisten Menschen überlegen und allen gewachsen. Geistig war dieses vorzügliche Exemplar der Gattung wesentlich Rohstoff ohne besondere Differenzierung. Es war eine allgemeine gleichmäßige Tüchtigkeit, aus der keine stark profilierte Sonderbegabung hervortrat. Das ist so wahr, daß er nicht einmal eine ausgesprochene Neigung zu einem bestimmten Beruf hatte. Er wollte ursprünglich Maler werden, doch hinderte ihn die Beschäftigung mit der Kunst nicht, auf dem Straßburger Gymnasium ein Musterschüler zu werden und dies auch als Rechtshörer zu bleiben. Er schrieb sehr hübsche Reisebriefe aus Spanien, Italien und Griechenland, aber es hat ihn nie gedrängt, ein Buch zu schreiben, von einigen frühen politischen Broschüren abgesehen. Er hatte die Geistesverfassung der großen Praktiker: zuverlässiges Gedächtnis für Einzelheiten, Sinn für das Tatsächliche, rasches Erfassen der wirklichen Zusammenhänge, und er kannte keine angenehmere Erholung, als Gedichte zu lesen, wie er denn stundenlang Verse von Victor Hugo, Théophile Gautier, Leconte de Lisle sprechen konnte. Er war ein tüchtiger Rechtsanwalt, ehe er sich auf die Politik warf. Er hatte von der Philosophie, namentlich dem Positivismus Auguste Comtes, mehr als Liebhaberkenntnisse. Was immer er geworden wäre, er hätte es zu anständigen, vielleicht glänzenden Erfolgen gebracht, doch schwerlich tiefe und dauernde Furchen gezogen.

Die Eigenschaften, durch die er sich hoch über den Durchschnitt erhob, waren eben nicht solche des Geistes, sondern des Charakters. Er hatte den natürlichen, organischen Mut des Löwen, der niemals theatralisch werden kann, weil sein Besitzer ihn als etwas so Selbstverständliches, Unverdienstliches, zu keiner Prahlerei sich Eignendes empfindet, wie etwa seine Eßlust bei Tische oder sein Schlafbedürfnis nach dem Arbeitstage, und er hatte einen unverwüstlichen, stählernen Willen; er war ein Willensgenie. In diesem Urteil sind alle einig, die ihn kannten, auch wenn sie ihn nicht liebten. General Trochu sagte von ihm, er sei »sehr energisch, sehr kühn, von heldischer Tapferkeit gewesen«. Gambetta äußerte: »Hätte er die militärische Laufbahn eingeschlagen, er wäre Ney oder Murat geworden.« Antonin Proust bezeugte: »Es gibt vielleicht keine Seite in der Lebensgeschichte Jules Ferrys, auf der nicht eine Heldentat verzeichnet wäre.« Und die ihm feindliche »Lanterne« rief ihm nach seinem Tode nach: »Er war einer von jenen, die sich nicht ergeben.«

Tatsachen beweisen dies. Henri Houssaie erzählt: »Am 13. Oktober 1870 stand ich mit meinem Zug vor dem Fort Banves als Geschützbedeckung. Ferry, der mit zwei Mitgliedern der Regierung gekommen war, um die Schlacht zu beobachten, hielt sich in geringer Entfernung von der Batterie auf. Eine preußische Granate schlug in einen Munitionskarren ein, der aufflog und mit seinen Geschossen und Trümmern etwa zehn Mann tötete oder verwundete. Ferry blieb ruhig, wie wenn er einem harmlosen Feuerwerksversuche beigewohnt hätte. Seine mannhafte Haltung wirkte um so stärker, je mehr sie von der seiner beiden Begleiter abstach. Er hatte den grauenhaften Hauch des Todes ohne Schauder über sich hinwehen gefühlt.«

Als die meuternden Nationalgarden unter Flourens' Führung am 31. Oktober 1870 in das Pariser Stadthaus drangen und die versammelten Mitglieder der Regierung, unter denen sich auch der Bürgermeister von Paris Jules Ferry befand, am Leben bedrohten, rief einer der Aufständischen Ferry zu: »Jetzt hab' ich dich endlich, du wirst mir nicht entwischen!« Ferry erwiderte: »Ich habe dich, verstehst du mich? Morgen wirst du in der Lage sein, in der ich heute bin.« Es gelang ihm, aus dem Saal zu entkommen, wo seine Kollegen gefangengehalten wurden. Er sammelte einige treugebliebene Bataillone um sich und eilte an ihrer Spitze nach dem Stadthaus zurück. Allen voran stürmte er, der ihn empfangenden Flintenschüsse nicht achtend, die Treppe hinan in den Beratungssaal und sprang auf den Tisch. Bei seinem Anblick schrie Flourens: »Schießt ihn nieder! « Die Garden wandten sich jedoch zu wilder Flucht. Ferry rief ihnen nach: »Ihr seid meine Gefangenen! Ich habe euch! Ihr seid mir geliefert! Heute will ich euch noch Gnade gewähren. Jetzt aber hinaus! Und denkt daran: wenn ihr wieder anfangt, habt ihr auf kein Erbarmen zu hoffen!« Dieselbe Schneidigkeit wie bei dieser Gelegenheit zeigte er am 18. März 1871, als er beim Ausbruch des Kommune-Aufstandes das letzte Regierungsmitglied war, das seinen Posten verließ. Und nicht anders wie auf dem Schlachtfeld und vor dem Aufruhr benahm er sich der Wut der feindlichen politischen Parteien gegenüber. Als der Kampf um sein von den Klerikalen als kirchenfeindlich empfundenes Schulgesetz am wildesten tobte, rief ihm de Carayon-Latour in der Kammersitzung vom 18. März 1882 grimmig zu: »Nein! Dieses Gesetz wird niemals vollstreckt werden!« Ferry schleuderte sofort der tobenden Rechten die Antwort ins Gesicht: »Das Gesetz wird vollstreckt werden, Ihnen zum Trotz, gegen Sie. Sie werden auf Ihre Kosten erfahren, daß in Frankreich nur ein Gesetz und eine Gerechtigkeit gilt.«

Nach Beendigung seiner Studien ließ er sich in Paris 1851, noch nicht zwanzig Jahre alt, als Rechtsanwalt eintragen. Er war ein Sohn seiner Zeit und teilte die Gesinnungen seiner Generation. Die junge Anwaltschaft war dem Staatsstreich feind. So geriet Ferry in die Opposition gegen das Kaiserreich und blieb ihr mit der ihm eigenen Beständigkeit treu. Er sammelte eine Gruppe von Alters- und Berufsgenossen um sich, arbeitete an den wenigen damals geduldeten oppositionellen Zeitungen mit und betätigte sich bei den Wahlen. Sein Freundeskreis glaubte von allem Anfang an seine Zukunft. Seine erste Broschüre gegen die amtliche Kandidatur, »Der Wahlkampf«, 1863, wurde viel bemerkt. Als Mitglied des Pariser republikanischen Wahlausschusses wurde er gerichtlich verfolgt und zu 500 Franken Geldbuße verurteilt. Er setzte indes seinen Plänklerkrieg gegen die bestehenden Gewalten fort und wurde 1869 durch seine Broschüre: »*Les comptes fantastiques d'Haussmann*« berühmt. Unter dem fast gleichklingenden Titel »*Les contes fantastiques d'Hoffmann*« sind E. T. A. Hoffmanns Erzählungen und Märchen in Frankreich sehr volkstümlich, weit mehr als in Deutschland. Das Wortspiel war die beste Einführung seiner herben Kritik der Finanzlotterei des Seine-Präfekten Haußmann. Es wirkte stärker als die ernsten Zahlen und Tatsachen der Broschüre. Am 7. Juni 1869 wurde er in Paris zum Abgeordneten gewählt. So öffnete ihm ein Kalauer die Pforte der Volksvertretung und wurde die erste Stufe zu seinen späteren Erfolgen in der Politik.

Er wurde auf ein Programm gewählt, das unter anderem erklärte: »Frankreich wird nicht frei sein, solange es eigensinnig bei seinem System stehender Heere verharrt. Man muß vor allem Dezentralisation, unbedingte Trennung von Staat und Kirche, breite Entwicklung der Schwurgerichte, Umwandlung des stehenden Heeres fordern. Das sind die notwendigen Zerstörungen.«

Allerdings haben auch Gambetta, Michelet, Littré, Gaston Paris usw. dieses Wahlprogramm unterschrieben. Der erste aber, der es verleugnete, war Ferry. Er war eben ein Regierungs- und Ordnungstemperament und nur durch die Verkettung der Umstände in die Opposition geraten. Schon 1871 nannte er Picards doch recht harmlosen Antrag auf Abschaffung der Unterpräfekten einen »anarchistischen Gedanken«. 1873 schrieb er, der zwanzig Jahre lang in Paris»als Kaffeehaus-Politiker und Redaktionsstuben-Verschwörer gewirkt hatte, aus Athen an seinen Bruder: »Griechenland ist die Beute von Wirtshausrednern, dieser Pest aller Demokratien, die schwatzen, Blödsinn kramen und kannegießern.« In einer Rede sagte er 1885 in Bordeaux: »Das 1869er Programm war im Grunde nur die Absetzung des Kaiserreiches in gesetzlicher Form, durch seine fortschreitende, unaufhörliche Entwaffnung... Wir wußten vom Militarismus nicht viel Gutes zu sagen. Wir hatten eine unklare Sehnsucht nach Abrüstung, eine für die damalige Demokratie bezeichnende Neigung, eine Art Nationalgarde zu schaffen ... Das Land hat den 1870er Krieg gesehen und diesen gefährlichen und trügerischen Utopien für immer den Rücken gekehrt... Es bemüht sich, die Schule und durch das härteste Heergesetz Europas das ganze Volk zu militarisieren ... Wir beneiden die Republikaner nicht, die sich rühmen, unwandelbar zu sein, weil sie sich nach 25 Jahren Opposition gegen das Kaiserreich und gegen die ›moralische Ordnung‹ verpflichtet glauben, auch die republikanischen Minister mit derselben Heftigkeit zu bekämpfen.« Hier erklingt beinahe schon die komische Note von Rabagas ...Ähnlich heißt es in einem Brief an Magalhaes Lima: »Unseren Radikalen scheint die Republik das Mindestmaß von Regierungsgewalt zu bedeuten. Verhängnisvoller Irrtum ...Zwischen einem Lande, das regiert sein will, und einer Partei, die keine andere Regel zu kennen scheint, als die Regierung zu entwaffnen, besteht ein tiefes Mißverständnis, das tödlich werden kann. Wehe uns, wenn wir es nicht einsehen.« Diese Briefstelle erschließt das Verständnis von Ferrys politischen Geschicken.

Nach dem Sturze des Kaiserreichs ernannte die Regierung ihn zum Bürgermeister von Paris, und von da bis zu seinem Tode ist seine Geschichte die Geschichte der dritten Republik. Nach kurzer Verwendung als Gesandter in Athen wurde er 1879 zum erstenmal Minister, zwischen 1880 und 1885 dreimal Ministerpräsident, am 30. März opferte ihn auf die falsche Nachricht von der Niederlage des Jammerlappens Herbinger bei Langson, zwei Tage vor dem glänzenden Frieden mit China, die feige und demoralisierte Kammermehrheit dem Haß seiner Gegner, und die Wut gegen ihn war so heftig, daß er auf einer Leiter über die Mauer zwischen dem Palais Bourbon und dem Garten des Auswärtigen Amtes klettern mußte, um dem Pöbel nicht in die Hände zu fallen, der vor dem Palais Bourbon auf ihn lauerte und ihn in Stücke zerreißen wollte. Im August 1887 hatte er einen Zweikampf mit Boulanger, den er einen »Tingeltangel-Saint-Arnaud« genannt hatte. Nach Grévys Verzicht auf die Präsidentschaft wollte die Kongreßmehrheit ihn am 3. Dezember 1887 zum Präsidenten der Republik wählen. Hetzer wühlten jedoch die Hefe der Bevölkerung gegen ihn auf und drohten mit Barrikaden, Brand und Totschlag, wenn er ernannt würde. Ferry wollte es auf keinen Bürgerkrieg ankommen lassen und trat zugunsten Carnots zurück. Die von seinen Feinden ausgestreute Saat ging jedoch blutig auf. Acht Tage später, am 10. Dezember, feuerte der halbverrückte Auvertin vor dem Palais Bourbon aus unmittelbarer Nähe vier Revolverkugeln auf ihn ab, die ihm zwar nicht in den Leib drangen, jedoch durch die Brustwand den Herzmuskel kontusionierten und ein Herzleiden verursachten, dem der starke Mann, kaum 61 Jahre alt, 1893 fast plötzlich erlag. Zwei Monate vorher hatte er noch die Genugtuung erlebt, zum Senatspräsidenten gewählt zu werden, nachdem er acht Jahre lang wie ein Geächteter gelebt hatte.

Ein Günstling der Menge, solange er unter dem Kaiserreich dem Kreise der Unversöhnlichen angehörte, wurde er über Nacht der meistgehaßte Mann Frankreichs, als er zur Teilnahme an den Staatsgeschäften berufen wurde, und blieb es bis an sein Ende, das die Hand des sinnlosen Verbrechers vielleicht um Jahrzehnte beschleunigte. Der Grund dieses Hasses waren gerade seine Großtaten, die von frecher, beharrlicher Lüge und Verleumdung als Verbrechen gegen Volk und Staat hingestellt wurden.

Als Bürgermeister von Paris hatte er für die Ernährung der Bevölkerung während der Belagerung zu sorgen. Am 6. September trat er sein Amt an, am 19. war Paris vollständig eingeschlossen. Durch Wunder der Umsicht und Anschlägigkeit, durch eine unvergleichliche Raschheit der Entschließungen und fast übermenschliche Tätigkeit gelang es ihm, in dreizehn Tagen so viel Lebensmittel zusammenzubringen, daß Paris mehr als vier Monate durchhalten und sich durch seine tapfere Verteidigung Ruhm erwerben konnte. Der Dank des Volkes, das er von Schmach oder Hungertod gerettet, bestand darin, daß es ihn »Ferry den Aushungerer«, »Ferry l'affameur«, nannte und am 31. Oktober totschlagen wollte.

Als Ministerpräsident gab er Frankreich das Kongogebiet, Tunesien, Tonkin, Anam und die Schutzherrschaft über Madagaskar, die später in eine unmittelbare Angliederung umgewandelt wurde. Der Dank für diese ungeheure Gebietsvergrößerung, die dem »gedemütigten und verkleinerten« Frankreich eine Weltstellung gab, wie es sie in seinen glänzendsten Tagen nicht gekannt hatte, bestand darin, daß man ihn mit dem Schimpfnamen »der Tonkinese« brandmarkte, ihn am 30. März lynchen wollte, ihn 1887 bei der Rückkehr vom Kongreß in Versailles mit Steinen und Kot bewarf und die Hand eines gestörten Meuchelmörders gegen ihn waffnete.

Er erneute die französische Volksschule, die er der Geistlichkeit entriß, schuf die Mädchengymnasien, gab 400 Millionen für Schulhäuser aus, erhöhte den Aufwand für Unterricht von 36 auf 168 Millionen, führte die Zahl der Analphabeten auf die Hälfte zurück. Der Dank für die Erziehung des französischen Volks bestand darin, daß seine Geburtsstadt St. Dié, die er seit 1871 in der Kammer vertreten, ihn 1889 nicht wiederwählte, so daß die Senatorenwähler ihn nachträglich dem Parlament retten mußten.

Er war Patriot bis zum flammenden Chauvinismus. Er gehörte zu den Gründern der Patriotenliga. Und ihn nannten seine Feinde »Ferry den Verkauften« und beschuldigten ihn, er habe sich von Bismarck nach Tunesien und Tonkin locken lassen, um Frankreich mit Italien zu verfeinden, das Heer zu zerrütten und den Volksgedanken von Elsaß-Lothringen abzulenken.

Der Volkshaß, der ihn zwanzig Jahre lang unerbittlich und unversöhnlich verfolgte und ihm jede neue vaterländische Glanzleistung als neues Verbrechen ankerbte, war das Werk verschiedener Parteien, die einander sehr fernstanden und aus sehr ungleichen Beweggründen handelten.

Zuerst feindeten ihn die Bonapartisten an, die mit Recht in ihm einen der Urheber der Umwälzung vom 4. September sahen. Ihnen schlossen sich, gleichfalls mit Recht, die Anarchisten an, die hauptsächlich seine Entschlossenheit am 31. Oktober besiegt hatte. Dann kamen die Klerikalen, die ihm seine Schulgesetze und den Kampf gegen die tiefe Unwissenheit nicht verziehen, in der jeder Aberglaube trefflich gedeiht. Die Monarchisten waren über ihn erbittert, weil er die Prinzen von Orléans aus Frankreich verbannte und zum Zwecke der Säuberung des durch und durch reaktionären Richterstandes die Unabsetzbarkeit der Richter zeitweilig aufhob. Diesen Verkörperungen der Vergangenheit, verbündet mit den anarchistischen Feinden jeder Ordnung und der Gesittung selbst, gesellten sich später die Radikalen zu, die in ihm seit dem Tode Gambettas den einzigen ernst zu nehmenden, widerstandskräftigen Vertreter jenes Opportunismus sahen, der ihrer Meinung nach jeden republikanischen Fortschritt verhinderte.

Daß aber die Feindschaft dieser vier Parteien sich in der niederträchtigen Form schändlicher Beschimpfung und Verleumdung, ja der Anstiftung zum Meuchelmord betätigen konnte, war hauptsächlich, vielleicht einzig das Werk Paul Déroulèdes. Dieser haluzinierende Dichter hatte die Geistesverfassung der Ketzerrichter des Mittelalters und Hexenverbrenner der Reformationszeit, nur war sein Fanatismus nicht auf den Glauben, sondern auf einen Patriotismus gerichtet, der in seinem Hirn zu einem Delirium des Hasses, zu aktivem und passivem Verfolgungswahn wurde. In jeder politischen Handlung, die er nicht begriff, sah er schnöden Landesverrat an Deutschland.

Die Klerikalen und Bonapartisten kannten Déroulède genau und machten sich über ihn lustig, bedienten sich aber seiner. Sie flüsterten ihm das eine Wort »Bismarck« ins Ohr, während sie mit dem Finger geheimnisvoll auf Ferry wiesen, und nun war ihm alles klar. Er war ein Verräter, ein von Bismarck bezahlter Verräter. Dieses furchtbar gefährliche Schlagwort warf er in die zu Anfang der achtziger Jahre noch sehr kranke Volksseele, und so entstand die Erregung der Menge gegen Ferry, der die straff gegliederte, ihrem Führer Déroulède blind gehorchende Patriotenliga die Richtung wies. Seinen parlamentarischen Gegnern war Ferry immer überlegen. Überwältigen konnten sie ihn erst, als sie die Straße gegen ihn mit Hilfe Déroulèdes mobilmachten und dem Todesgeheul der aufgewiegelten Menge die Fenster und Türen des Kammersitzungssaales öffneten.

Die Sympathien aller anständigen Leute wären nicht notwendig mit ihm gewesen, wenn der Kampf gegen ihn immer in parlamentarischen Formen geführt worden wäre. Denn seine starke, angriffsfrohe Natur war dazu angetan, heftige Widerstände hervorzurufen.

Er war ein Mann der Überlieferung durch und durch. Die Klerikalen und Monarchisten haben das nicht erkannt; die Radikalen waren sich darüber immer klar. Ferry blieb Republikaner, weil er es in jungen Jahren geworden war, doch nur aus feudaler Treue des Vasallen und

Gefolgsmannes für den Lehnsherrn. Er war weder Demokrat noch Gleichheitsmensch, sondern Diener der Autorität, der hierarchischen Gliederung, des Gehorsams der Regierten, der Unantastbarkeit der Regierenden. Er war in tiefster Seele sogar kirchlich gesinnt, trotz seiner Schulgesetze und Maßregeln gegen die Jesuiten. Er wiederholte bei jeder Gelegenheit, daß er die Kirche hochachte und nur dem Staate seine Souveränitätsrechte sichern wolle.

Die Radikalen hatten von ihrem Standpunkt aus recht, Ferry zu bekämpfen. Er war der begabteste von jenen Politikern, die den Napoleonischen Staatsbau gegen die neuen Volkskräfte verteidigten und dafür eintraten, daß das Regiment ein Kaiserreich mit republikanischem Etikett blieb. Er verkörperte die alte Tyrannis des viel regierenden, alle Regungen der sich weiten wollenden Volksseele streng hemmenden Staats. Er mußte überwunden werden, wenn die Republik etwas anderes werden wollte als die Geschäftsführerin des abwesenden und verhinderten Cäsarismus, wenn der republikanische Gedanke sich die logisch nötigen Staats- und Gesellschaftsformen schaffen sollte.

Er war ein um so gefährlicherer Gegner, als er persönlich keinen Angriffspunkt bot. Er war makellos in seinem Leben und Wirken. Seine Hände waren peinlich rein. Er hatte nicht einmal Ehrgeiz. Er wollte die Macht nur, um in der ihm allein richtig scheinenden Weise für sein Vaterland wirken zu können. Seine große Leidenschaft war die Liebe zu Frankreich, eine selbstlose, opferfreudige Liebe. Eine tragische Liebe, denn sie blieb unerwidert.

Erst als er tot war und Frankreich größer, gebildeter, zukunftsreicher zurückgelassen hatte, als er es aus den Händen des Kaiserreichs übernommen, erkannte auch die Menge, welch treuen Diener sie in diesem starken und geduldigen Mann besessen. Nun erhoben sich für ihn Denkmäler in St. Dié, in Haiphong, in Tunis, und bei jeder Denkmalsenthüllung wurde all das Große aufgezählt, das er für Frankreich gewirkt. Diese späte Anerkennung fügt seinem schmerzerfüllten Leben eine Melancholie mehr hinzu. Man denkt an Heines Gedicht »Der Dichter Firdusi«. Dem lange verkannten, nach Thus verbannten Dichter wird endlich Anerkennung und Lohn. Der Schah schickt ihm eine Karawane mit reichen Ehrengaben.

> »Wohl durch das Westtor zog herein
> Die Karawane mit Lärmen und Schrein.
>
> Doch durch das Osttor am andern End'
>
> Von Thus zog in demselben Moment
>
> Zur Stadt hinaus der Leichenzug,
> Der den toten Firdusi zu Grabe trug.«

Die Sturm- und Drangzeit der dritten Republik war zu Ende. Sie hatte sich im Parlament gegen den Abscheu, die Anschläge, die Ränke der verschiedenen monarchistischen und Bonapartistischen Parteien, im Lande gegen das Mißtrauen der ordnung- und ruheliebenden Volkskreise durchgesetzt. Ihr Bestand war von keinem innern Gegner mehr ernstlich bedroht. Der Sohn Napoleons III. war in einem kläglichen Abenteuer 1879 in Südafrika den Speeren wilder Zulus unrühmlich erlegen, sein Erbe, Hieronymus Napoleon, ein Freidenker und Republikaner, von den Bonapartisten heftig verleugnet worden, und dessen Sohn, der sich zu tadellos konservativen Grundsätzen bekannte, lebte schattenhaft in der Verbannung und konnte die allmähliche Zersetzung und Abbröckelung seiner Partei nicht verhindern. Der Graf von Chambord war, in seine weiße Fahne gehüllt, eindrucksvoll und unbrauchbar, gestorben, sein Rechtsnachfolger, der Graf von Paris, bald nach ihm verschwunden, dessen Sohn, der Herzog von Orleans, dem Lande fremd, geistig wenig begabt, von anstößigem Wandel, ein Werkzeug in der Hand bedenkenfreier Anhänger, die ihn und seine Sache durch Aufrührergewohnheiten und Anarchistengewalttaten in Verruf brachten.

Man klagte die Republik an, Frankreich zum Paria inmitten des monarchischen Europas zu machen und bündnisunfähig zu sein. Selbst Fürst Bismarck war dieser Ansicht und begünstigte sie darum gegen die Versuche der Wiederherstellung des Königsthrons, da nach seiner Überzeugung die Krönung Heinrichs V. zu einer Koalition der katholischen Mächte unter Führung des Papstes und zum Kriege führen mußte. Die Republik wurde jedoch von allen Monarchien als vollwertig und ebenbürtig anerkannt, keine stellte ihre Ranggleichheit in Frage, die Herrscher Rußlands, Englands, Italiens, Portugals, Belgiens, der drei skandinavischen und einiger balkanischen Königreiche machten ihr wiederholt zeremoniöse Aufwartungen und vertrautere Freundesbesuche, und ein mit den Jahren immer enger werdendes Bündnis verknüpfte sie mit dem rückschrittlichsten Reiche Europas, bei dem man die unüberwindlichste Abneigung gegen solche Gemeinschaft vorausgesetzt hatte.

Die dogmatische Behauptung Thiers': »Die Republik wird konservativ sein oder sie wird überhaupt nicht sein,« war von der Entwicklung längst Lügen gestraft worden. Das vornehme Bürgertum, das sich an die Stelle des enteigneten Adels der alten Monarchie gesetzt und Frankreich durch drei Menschenalter regiert hatte, war seinerseits von jenen »neuen Schichten«, von denen Gambetta zu sprechen pflegte, aus der Herrschaft verdrängt worden, in den Elyséepalast und die Ministerhotels zog die Demokratie ein, die zur Vornehmtuerei zu selbstbewußt war und durch natürliche stolze Würde selbst den Snobismus, so gern er gespottet hätte, zum Verstummen und zur Verbeugung nötigte, ein Radikalismus, der den Mut seiner Überzeugung hatte, wuchs immer kräftiger in die autoritären Staatseinrichtungen, hauptsächlich die Schöpfung Napoleons I., hinein und erfüllte sie mit seinem Geiste, sofern er sie nicht einfach sprengte. Diese Umwandlung beunruhigte niemand mehr, da selbst die Ängstlichsten sich durch den Augenschein überzeugten, daß sie die von Unglücksraben geweissagten Katastrophen nicht heraufbeschwor. Das Leben des Volkes floß in der gewohnten Weise dahin, die Ordnung wurde von niemand gestört, es sei denn von ihren angeblichen Stützen und Verteidigern, den Gegenrevolutionären, die allein noch die revolutionären Methoden anwandten. Frankreich erfreute sich eines ununterbrochenen wirtschaftlichen Aufschwungs. Nach 43jährigem Bestande der Republik waren ihre Einnahmen und Ausgaben von rund 2,5 auf rund 4,5 Milliarden gestiegen, ihre dreiprozentige Rente hatte wiederholt und auf längere Zeit den Kurs von 100 überschritten, den höchsten, den Frankreich je gekannt hatte, sie war imstande gewesen, die Zinsen aller ihrer Staatsanleihen auf drei vom Hundert herabzusetzen, sie hatte für Bahn-, Kanal- und Straßenbauten acht Milliarden aufgewendet, ihre Aus- und Einfuhr annähernd verdoppelt. Der Beweis war erbracht, daß Frankreich keines Retters bedurfte und daß der Volkswille genügte, um seine Staatsgeschäfte in regelmäßigem Gange zu erhalten. Und es bedurfte nicht einmal außergewöhnlicher Persönlichkeiten, um den Volkswillen zu verstehen und zu vollstrecken.

Die starken Männer, die die Republik gegründet, ihre Wiege verteidigt, ihre ersten Schritte geleitet hatten, waren abgenützt, oder gestorben, oder vom Volksundank beiseite geschoben worden. In das Vordertreffen rückten Jüngere ein, die nicht ihren Wert besaßen. Seit dem Rücktritt Grévys, seit dem Abgang Ferrys regierten anderthalb Jahrzehnte lang anständige Mittelmäßigkeiten, gelegentlich wohl auch solche, die sogar unter dem Durchschnitt blieben, doch auch sie machten ihre Sache nicht allzu schlecht, da im ganzen die Routine genügte.

Nach Grévys erzwungener Abdankung zog in das Elysée, von dessen Toren der verhetzte Pöbel Jules Ferry mit Steinwürfen weggetrieben hatte, Sadi Carnot ein, der Träger eines großen Namens der Revolutionsgeschichte, doch ganz und gar Epigone; kalt, tadellos, steinern ernst, vertraute Annäherung entmutigend, grau in grau. Er fiel bei einer amtlichen Reise in Lyon unter dem Messer des anarchistischen Mörders Caserio. Nach ihm wollte ein Teil der Linken Waldeck-Rousseau zum Präsidenten wählen; die Mehrheit zog Casimir Périer vor, den Enkel eines der Schöpfer und großen Minister des Bürgerkönigtums. Er war sehr reich, von hoher Geistesbildung, charakterfest, entschlußfähig, doch zu nervös, zu empfindlich. Sein Pflichtgefühl oder sein Selbstbewußtsein war nicht stark genug, um ihn gemeine Angriffe verachten zu lassen. Bübereien eines Gossenblattes verletzten ihn derartig, daß er schon nach wenigen Monaten das Elysée verließ und die Tür krachend hinter sich zuschlug. Sein Nachfolger wurde Felix

Faure. Je weniger man von dieser unempfehlenswerten Gestalt sagt, desto besser. Er war an der Spitze der Republik der erste Emporkömmling, der sein möglichstes tat, um die Demokratie lächerlich zu machen. Er war ein Zierbengel, dessen Laffentum durch sein Alter besonders widerlich wurde. Er träumte für sich eine goldgestickte Seidenuniform vom Schnitt der alten Hoftracht und forderte, daß auch seine Freunde aus früherer Zeit zu ihm in der dritten Person sprachen. Zugleich aber haschte er nach billiger Volkstümlichkeit, indem er, der ehemalige Lederhändler, für den Arbeiter posierte, der er nie gewesen war, und ein altes Lichtbild verbreiten ließ, das ihn in der Faschingsverkleidung eines Gerbergesellen darstellte. In der Dreyfus-Krise verriet er seine Partei an den Rückschritt, dem er sich als willen- und grundsatzloses Werkzeug auslieferte. Sein Ende war seines Lebens würdig. Inmitten greisenhafter Ausschweifung ereilte ihn der Tod, der nach der Sage den König Etzel in den Armen von Chriemhilde traf. Der nächste Präsident, Emile Loubet, war, mit diesem Vorgänger verglichen, eine Lichtgestalt: ehrbar, klug, umsichtig, bescheiden als Mensch, würdig als Staatsoberhaupt, genug sicher in seiner begründeten Selbstachtung, um durch die tätliche Beleidigung des jungen royalistisch-klerikalen Raufboldes Barons Christiani weder in den eigenen Augen noch in denen der Welt vermindert zu werden, nur freilich auch etwas schüchtern, etwas schwunglos, ein wenig zu werktätig für ein so hochgestimmtes, nach heroischem Leben dürstendes Volk wie das französische. Loubet war der erste Präsident, dem es gegönnt war, seine sieben Jahre zu erfüllen und geräuschlos und regelrecht abzugehen – ein letzter Beweis, daß die dritte Republik die Region der Klippen und Untiefen hinter sich hat und in freiem Fahrwasser schifft. Nach Loubet kam Fallières, wesentlich ein anderer Loubet, nur reicher entwickelt, lebendiger, stärker als er, mitteilsamer, überströmender, einnehmender, doch nicht minder unparteiisch, verfassungstreu, gewissenhaft und fest. Auch er konnte seine sieben Jahre friedlich vollenden und sein Amt nach Vorschrift in die Hand Raymond Poincarés legen, über den nur in breiterem Rahmen der Weltgeschichte das Urteil zu fällen sein wird.

Unter diesen Staatsoberhäuptern regierten Ministerpräsidenten, die meist in raschem Wandel wie Gestalten eines Schattenspiels vorüberhuschten, ohne einen Eindruck zu hinterlassen, und von denen nur einige sich durch genauere Umrisse und irgendeinen eigenartigen Zug dem Gedächtnis einprägten: de Frencinet, behutsam bis zur Ängstlichkeit, undurchdringlich, voller Vorbehalte, immer zu Ausgleichen mit seinem Gewissen bereit; Goblet, ein unscheinbarer Provinzadvokat, der in einem kritischen Augenblick während des Schnäbele-Zwischenfalls zu ungeahnter Ansehnlichkeit wuchs und eine durchaus ehrenvolle Lösung zu erlangen wußte; Floquet, romantisch, stürmisch, der Mann, der 1867 dem den Gerichtspalast besuchenden Zaren Alexander II. ins Gesicht rief: »Es lebe Polen, mein Herr!« und der im Degen-Zweikampf den General Boulanger gefährlich verwundete; Ribot, ein Nachahmer englischer Parlamentarier, von Grundsätzen nicht allzu sehr beschwert, geschäftstüchtig, gewillt, der Zeit zu folgen, doch nicht immer gelenkig genug, um mit ihr Schritt zu halten; Brisson, grundehrlich, feierlich, doch schwach und ohne Mißtrauen gegen arglistige Mitarbeiter, von denen er sich wie ein harmloses Kind prellen ließ; Bourgeois, eine tönende Schelle, der man indes das eine Talent zugestehen muß, nie etwas geleistet und gleichwohl den Glauben unterhalten zu haben, ein großer Mann, ein großer Staatsmann zu sein; Charles Dupuy, ein beleibter Auvergnate, den ein glückliches Mißverständnis berühmt machte: der Anarchist Vaillant schleuderte mitten in der Sitzung von der Galerie eine Bombe in die Kammer; sie flog auf und verwundete einige Abgeordnete; Dupuy, damals Vorsitzender, hatte mit seinem dichten Gehirn nichts gesehen und nichts gehört; er nahm nur verblüfft den Tumult eines Aufbruchs, das Streunen aufspringender und von ihren Plätzen wegeilender Abgeordneter wahr, vermutete ein Mißverständnis, gab das Glockenzeichen und rief ahnungslos: »Die Sitzung dauert ja fort!«; man hielt für Tapferkeit, was Begriffsstutzigkeit war, schrie einen einfältigen Ausruf als ein antik heldisches Wort, als eine römisch senatoriale Äußerung aus, und der Mann, der dem Neger Norton, Déroulède und Millevoye geglaubt hatte, daß Clemenceau ein Spion in englischem Solde sei und der britischen Botschaft in Paris schriftliche Geheimberichte liefere, widersprach nicht, sondern machte sich die Lesart der Leichtgläubigen zunutze; Méline, ein rücksichtsloser Agrarier, der die durch

Sperrzölle begünstigten Landwirte und Gewerbetreibenden zu Anhängern gewann und dem sein menschliches und juristisches Gewissen gestattete, das Vorhandensein einer Dreyfus-Frage zu leugnen, das Urteil in dieser Sache für gut, gesetzlich und gültig zu erklären; noch andere, die nicht einmal an diese zum Teil doch immer noch ehrenwerten und bürgerlich tüchtigen Männer heranreichten und deren Namen bereits der verdienten Vergessenheit anheimgefallen sind.

Mittelmäßig wie die leitenden Politiker war ihre Politik und das öffentliche Leben, in dem sie wirkten. Das Parlament verbrauchte seine Kraft in byzantinischem Parteigezänk; die Abgeordneten vergaßen das Gemeinwohl und dachten nur daran, ihren einflußreicheren Wählern Regierungsbegünstigungen zu verschaffen; an die Stelle großer Ziele trat die Jagd auf Ministerportefeuilles, und Wandelgangränke wurden die Hauptaufgabe der Volksvertreter. Inzwischen bereitete ein geistlicher Orden, der große Zeitungen gründete, Finanz- und Gewerbegeschäfte machte, in allen Kreisen zuverlässige Mitarbeiter und Helfer warb, ungehindert und ungestraft die Gegenrevolution vor. Sein Werk war der Boulangismus, nach ihm der Lärm um das Panama-Ärgernis. In den vom Tiefpflug dieser beiden Bewegungen aufgelockerten und umgewühlten Boden streuten die Verschwörer die Saat des Antisemitismus und der Spionage-Wahnvorstellungen, die üppig aufging und dem französischen Volksleben bald die Beschaffenheit eines Dschungels gab. Im Großen Generalstab, wo die Angegliederten der Ordenskongregation die Alleinherrschaft ausübten, war man Verrätereien auf die Spur gekommen: in seinen Bureaus arbeitete ein einziger jüdischer Offizier, der Artilleriehauptmann Dreyfus; auf diesen Eindringling warfen seine Vorgesetzten und Kameraden ohne Besinnen den Verdacht; sie teilten ihn sofort ihrer Presse mit, ließen den Beschuldigten verhaften, mit Vergewaltigung aller Rechtsformen und Gesetze verurteilen und unter Veranstaltungen, die an die Vollstreckung von Todesurteilen der Inquisition erinnerten, öffentlich vor versammeltem Kriegsvolk und Zehntausenden von Zuschauern aus dem Heere stoßen, ehe sie ihn zu lebenslänglicher schmachvoller Strafverbüßung nach der Teufelsinsel schickten. Ein hochherziger, unerschrockener und gewissensreiner Offizier, der Straßburger Oberstleutnant Picquart, Vorsteher der Nachrichten-Abteilung im Kriegsministerium, entdeckte in den Akten des Dreyfus-Falles ein augenscheinlich gefälschtes Schriftstück. Er berichtete seinen Vorgesetzten darüber und diese beeilten sich, ihn aus dem Amte zu entfernen und mit einem sinnlosen Scheinauftrag an die Südgrenze von Tunesien zu schicken, von wo er, so hofften sie, nicht lebendig zurückkommen sollte. Der Anschlag mißlang, Picqart legte öffentlich für die Wahrheit Zeugnis ab und wurde dafür in den Kerker geworfen. Verteidiger des meuchlerisch geopferten jüdischen Offiziers riefen leidenschaftlich die öffentliche Meinung an, das französische Volk fing Feuer, und der Brand, der es bis in seine letzten Tiefen ergriff, wütete sechs Jahre lang. Es gab keinen Franzosen, der nicht mit der ganzen Heftigkeit des nationalen Temperaments Partei nahm. Lebenslange Freundschaften wurden zerrissen, Eltern gegen die Kinder gewaffnet, das Gesellschaftsleben in eine heulende Wildnis umgewandelt. Die klerikalen Verschwörer erfanden die tollsten Spukgeschichten, die in einer Irrenhaus-Atmosphäre blind geglaubt wurden. Es sollte ein geheimnisvolles teuflisches »Syndikat« bestehen, das, vom internationalen Judentum finanziert, im Solde Deutschlands arbeitete und die Vernichtung des französischen Heeres und Staates plante. Die Fälschung des Belastungsmaterials gegen Dreyfus wurde für eine gottgefällige, heilige Tat, für eine rühmliche Verteidigung des schwer bedrohten Vaterlandes erklärt. Die öffentliche Ordnung wurde heftig gestört. Tobende Banden, in denen bezahlte Strolche gutgläubige verwirrte Fanatiker einrahmten und leiteten, beherrschten die Straße, überfielen die Freisinnigen, johlten »Es lebe das Heer!« spielten sich als die einzigen Patrioten auf, stießen Todesrufe gegen die Dreyfusards als gegen vaterlandsloses Gesindel, Feinde des Heeres und Verräter an Frankreich aus. Briefe wurden aufgefangen, in denen die klerikalen Rädelsführer nächtliche Überfälle auf ihre Gegner verabredeten und einander aufmunterten, mit Knütteln Schädel einzuschlagen (»*écer-veler avec des bayados*«). Der schamlosen Dreistigkeit der volksvergiftenden und mit Verbrechermethoden arbeitenden klerikalen Verschwörer antwortete die wutbebende Erbitterung der für Recht und Wahrheit kämpfenden Republikaner. Alles drängte zu einer nahen furchtbaren Katastrophe. Da erstand im Augenblick der äußersten Spannung dem sinnlos aufgeregten Land ein Mann der Vorsehung: Waldeck-Rousseau.

Nach anderthalb Jahrzehnten sah die Republik an die Spitze der Regierung wieder einen Ministerpräsidenten treten, der nicht ein bloßer Politiker, sondern ein wirklicher Staatsmann war. Waldeck-Rousseau setzte die Reihe der schöpferisch begabten geborenen Führer, der Gambetta, Jules Ferry, fort, deren Freund und Jünger er war und in deren Fußtapfen er trat. René Waldeck-Rousseau, 1846 in Rennes geboren, war der Sohn eines hervorragenden Rechtsanwalts, der 1848 seine Mitbürger in der Nationalversammlung vertrat und in dieser eins der angesehensten Mitglieder der republikanischen Linken wurde. Er selbst ließ sich nach Beendigung seiner Rechtsstudien 1869 zunächst in St.-Nazaire, dann in Rennes nieder, wo ihm außer seiner eigenen Tüchtigkeit das Ansehen seines Vaters rasch eine erste Stellung sicherte. 1879 wurde er zum Abgeordneten gewählt, und es dauerte nur wenige Wochen, bis in der neuen Kammer, in der ihm der väterliche Ruf voranging, Gambetta ihn bemerkte oder, wie er sich rühmte, entdeckt hatte. Die vornehme Erscheinung des eleganten, hochgewachsenen jungen Mannes mit dem regelmäßigen, ruhigen, ernsten Gesicht und den kalten, gebieterischen Augen, seine warme, ohne Anstrengung weittragende Stimme, seine Sicherheit und Freiheit auf der Rednerbühne, die Sachlichkeit, die Knappheit, die klassische Formvollendung seiner Rede, die nie in Emphase verfiel und von keiner Gestikulation begleitet war, machten starken Eindruck auf die Versammlung, die sofort erkannte: »Dieser Anfänger ist jemand!« Man wunderte sich denn auch nicht, daß schon zwei Jahre nach seinem Eintritt in das Parlament, am 14. November 1881, ohne daß er den üblichen Probedienst als Parteigruppenschriftführer, Ausschußberichterstatter, Unterstaatsseketär geleistet hatte, Gambetta ihm in seinem großen, oder kleinen, Ministerium ein Portefeuille anvertraute. Die dritte Republik hatte bis dahin noch keinen 34jährigen Minister ohne parlamentarische Vergangenheit gesehen.

Er bewährte sich hier wie in allen Stellungen; so sehr, daß nach dem raschen Sturze Gambettas auch seine Nachfolger sich ihn als Mitarbeiter sichern wollten. Jules Ferry nahm ihn am 21. Februar 1883 zum Minister des Innern und Waldeck-Rousseau wirkte an seiner Seite bis zum schwarzen Tage, dem 30. März 1885, an dem die Nachricht von der Schlappe bei Langson den Aufruhr der Kammer gegen das Kabinett erregte. Die Ungerechtigkeit des Parlaments und der Menge gegen Ferry, den er hochschätzte und dessen innere und äußere Politik er als die dem Heil und der Größe Frankreichs dienlichste erkannte, empörte ihn so tief, daß er sich bis zum Ende der Kammertagung jeder politischen Betätigung enthielt und nach Ablauf seines Auftrages, 1889, keine Wiederwahl annahm. Fünf Jahre lang blieb er dem Parlament fern und widmete sich ganz seinem Berufe in Paris, wo man ihm allseitig den Rang des ersten forensischen Redners zuerkannte. 1894 gab er jedoch dem Drängen seiner alten Parteigenossen nach und ließ sich in den Senat wählen. Trotzdem er sich vom parlamentarischen Leben ferngehalten, an keinen Parteiumtrieben teilgenommen, nie um Gunst und Freundschaften geworben hatte, war sein Ansehen so groß, baß man ihn nach der plötzlichen Abdankung Casimir Périers zum Präsidenten der Republik wählen wollte. Er selbst tat nichts zum Gelingen dieses Plans, und so blieb er um 40 Stimmen hinter Felix Faure zurück, zu dessen Gunsten er vor dem nötig gewordenen zweiten Wahlgang ausdrücklich und bestimmt auf die eigene Bewerbung verzichtete.

Wieder hielt er sich fünf Jahre im Hintergrund, bis der wenige Monate vorher zum Präsidenten der Republik gewählte Loubet ihn nach dem Sturze Charles Dupuys im Juni 1899 zur Regierung berief. Die Schwierigkeit seiner Aufgabe, der er sich voll bewußt war, erschreckte ihn nicht. Er hatte in einer Rede gesagt: »Die Politik darf keine Laufbahn sein; sie ist ein öffentlicher Dienst.«

Danach handelte er. Er erkannte, daß er eine Pflicht zu erfüllen hatte, und er entzog sich ihr nicht. Er griff mit fester Hand in die Zügel der Regierung, die seine Vorgänger hatten schleifen lassen. Er stellte in der Polizei und im Offizierkorps die gelockerte Zucht wieder her. Er machte den Ruhestörungen auf der Straße ein Ende. Er sorgte für die achtungsvolle Vollstreckung des Urteils, durch das der Kassationshof, Frankreichs höchstes Gericht, die Wiederaufnahme des Verfahrens gegen Dreyfus angeordnet hatte. Er ließ das unglückliche Opfer des klerikalen

Justizverbrechens von der Teufelsinsel kommen und umgab das Kriegsgericht von Rennes, vor dem der neue Prozeß abrollte, mit allen Bürgschaften strenger Regierungsunparteilichkeit. Man hat ihm vorgeworfen, daß er nichts tat, um die Militärrichter dem offen und schamlos geübten Druck der klerikalen Verschwörer zu entziehen. Seine Verteidigung lautete: »Nur indem wir uns vollständig jedes Eingriffs enthielten, konnten wir hoffen, dem Urteil die Autorität zu sichern, die das ganze Volk zwingen sollte, sich davor zu verneigen.« Das Gericht von Rennes kam zu einer hinterhältigen und verlegenen Entscheidung: es verurteilte Dreyfus ein zweites Mal, doch mit mildernden Umständen, die unbegreiflich und nicht zu verteidigen waren, wenn es ihn schuldig glaubte. Wenige Tage nach dieser neuen Rechtsbeugung verlangte und erhielt Waldeck-Rousseau von Loubet die Begnadigung von Dreyfus und damit war das gewaltige Drama äußerlich beendet. Die Verteidiger der Gerechtigkeit waren mit diesem Abschluß unzufrieden, da er ihrem Sittlichkeitsgefühl keine Genugtuung gewährte, Waldeck-Rousseau aber sagte mit einem alten skeptischen Richter: »Das Wesentliche an einem Urteil ist nicht, ob es gerecht oder ungerecht ist, sondern daß es einem Prozeß ein Ende macht.« Er blieb nicht auf halbem Wege stehen. Er setzte auch bald darauf ein Amnestiegesetz für alle mit dem Dreyfus-Handel zusammenhängenden Strafsachen durch. Diese Tat zog ihm besonders heftige Vorwürfe zu. Die Verschwörer, die sechs Jahre lang eine Schreckensherrschaft ausgeübt und unzählige Missetaten begangen hatten, konnten sich jetzt unter dem Schutz der Amnestie ins Fäustchen lachen und waren sicher, nicht zur Rechenschaft gefordert zu werden. Eine ideale Lösung war das nicht. Das Recht und die Moral kamen bei dieser Handhabung des Schwammes sicherlich zu kurz. Aber Waldeck-Rousseau war ein Mann der Regierung und ein Praktiker. Ihm kam es in erster Reihe darauf an, den innern Frieden herzustellen und einen Rache- und Vergeltungsfeldzug zu verhindern, der den virtuellen Bürgerkrieg in einen aktuellen verwandelt hätte.

Er wußte jedoch aus den sechsjährigen Dreyfus-Wirren die Lehre zu ziehen, die sie in sich schlossen. Er hatte die klerikale Organisation an der Arbeit gesehen und war entschlossen, sie zu sprengen.

Er brachte das Gesetz über die Vereine ein, das, wie er ausdrücklich zugab, gegen die geistlichen Orden gerichtet war und sie auflöste, soweit sie nicht durch ein besonderes Gesetz gestattet wurden. Das Vereinsgesetz, ein harter Schlag für den Klerikalismus und die Gegenrevolution, rief in der Kammer und im Senat den wütenden Widerstand der Rechten hervor. Waldeck-Rousseau verteidigte ihn mit unerschütterlicher Ruhe. »Ich überlasse mich«, hatte er bereits Jahre vorher gesagt, »nicht den Leidenschaften, die ich nicht kenne, ich suche meine Eingebungen in meiner Vernunft, die vom Studium unterstützt ist.« Leidenschaftslos, in der Tat, doch mit einer unerschütterlichen Entschlossenheit, wie Frankreich sie an seiner Regierung seit Jules Ferry nicht gekannt hatte, setzte er die Annahme seines Vereinsgesetzes durch, dann kündigte er, am 3. Juni 1902, dem Präsidenten Loubet seinen Entschluß an, von der Regierung zurückzutreten. Er erfreute sich des vollen Vertrauens der Mehrheit beider Kammern. Kein äußerer Anlaß nötigte ihn zur Abdankung. Sie war durchaus freiwillig. Ein der Welt noch unbekanntes, doch ihm nicht verborgenes Übel unterwühlte seine Gesundheit. Er hatte seine Pflicht getan, seine Aufgabe gelöst. Drei Jahre lang hatte er am Steuer gestanden und das Staatsschiff sicher durch Klippen und Sturm geführt. Er hatte die zerrüttete Ordnung wiederhergestellt, dem fiebergeschüttelten Land die Ruhe wiedergegeben, neue Anschläge der ewigen Feinde der Republik mindestens erschwert, wenn nicht unmöglich gemacht, er urteilte, daß er sich das Recht auf Erholung erarbeitet hatte. Ehe er ging, empfahl er dem Präsidenten und dem Parlament als seinen Nachfolger Emile Combes, und er hatte die Genugtuung, seinen Vertrauensmann zum Ministerpräsidenten ernannt zu sehen. Er war überzeugt, daß Combes das Vereinsgesetz, das er als sein Lebenswerk ansah, in seinem Sinne vollstrecken werde. Hierin hatte er sich, wie im folgenden Abschnitt gezeigt werden soll, getäuscht. Als er dies erkannte, erhob er, am 27. Juni und 20. November 1903, im Senat unwillig grollend die Stimme zu einer Verwahrung und Mahnung. Vergebens. Er konnte die Entwicklungen, zu denen er selbst den Anstoß gegeben, nicht aufhalten. Die Krankheit, ein Leberkrebs, setzte ihre Verwüstungen fort und streckte den starken Mann im Sommer 1904, vor vollendetem 58. Lebensjahre, nieder. Er nahm den Ruhm mit sich ins Grab, der rechte Mann an der rechten Stelle in einem Augenblicke gewesen zu sein, wo ihn wahrscheinlich niemand hätte ersetzen können.

Emile Combes

Combes, geboren 1835 in Roquecourbe, einem Dorf des Tarn-Departements, ist der Sohn eines blutarmen Tischlers, den das Schicksal höhnisch mit Kindern überreichlich gesegnet hatte. Der spätere Ministerpräsident lernte in Kindheit und Jugend die bitterste Not kennen. Der Vater konnte für seine Heranbildung nichts aufwenden und überließ den ältesten Sohn deshalb gern einem Bruder, der Geistlicher war und dem kleinen Neffen eine Freistelle im Unterseminar (»petit séminaire«) seines Bistums verschaffte. So studierte der junge Combes bis zur Reifeprüfung und bis zu den Priesterweihen und erwarb sogar den Grad eines Doctor litterarum mit einer Dissertation über »die Psychologie des heiligen Thomas von Aquino«, die weniger durch eigene Gedanken als durch gründliche Gelehrsamkeit Achtung einflößt. Aber es fehlte ihm die Berufung und zum Heucheln die Begabung. Er zog den Priesterrock, kaum daß er ihn angelegt hatte, wieder aus und sah sich nach einem andern Beruf um. Sein Vater war inzwischen gestorben, und er der Ernährer seiner jüngeren Geschwister geworden. Er nahm eine Stelle als Klassenaufseher an einem Gymnasium an, und während er sich tagsüber für ein elendes Gehalt mit den Rangen herumbalgte, denen Verachtung und boshafte Hänselei des armen Teufels von »piou« überlieferungsgemäß als rühmlicher Sport gilt, bereitete er sich in der Nacht für das Studium der Heilkunde vor, das er mit eiserner Ausdauer unter den schlimmsten Widerwärtigkeiten zu Ende führte. Arzt geworden, ließ er sich in dem Städtchen Pons nieder und erwarb sich bald eine bescheidene Praxis, die ihm gerade zu leben und für seine Mutter und Geschwister zu sorgen gestattete. Seine Kranken bezahlten ihn schlecht, behandelten ihn aber ebenso gut wie er sie, denn sie wählten ihn der Reihe nach zum Bürgermeister von Pons, zum Generalrat der Charente Inférieure und – 1885, und seitdem bei jedem Ablauf seines Auftrags – zum Senator.

Combes ist kein Blender. Er hat sich nie vorgedrängt, sich nie weithin bemerkbar machen wollen. Aber die den bescheidenen Mann aus der Nähe beobachteten, müssen doch immer von der Gediegenheit seiner stillen Arbeit einen starken Eindruck empfangen haben, denn er trat nie in eine Versammlung ein, ohne von seinen Kollegen alsbald, oft mit sanfter Nötigung, an die erste Stelle gezogen zu werden. Der Gemeinderat von Pons wählte ihn zum Bürgermeister, der Generalrat seines Departements wählte ihn zum Ersten Vorsitzenden. Der Senat wählte ihn zweimal, 1893 und 1894, zum Zweiten Vorsitzenden. Die Senatsgruppe der fortschrittlichen Republikaner wählte ihn zu ihrem Obmann. Als Léon Bourgeois 1895 Ministerpräsident wurde, wählte er ihn – gegen wie viele stürmische Wettbewerber! – zu seinem Unterrichtsminister. Und als Waldeck-Rousseau 1902 freiwillig zurücktrat, wählte er ihn zu seinem Nachfolger. Ohne Ehrgeiz, ohne Ränke, ohne die kleinen Künste, die bei Strebern Charakter und Talent ersetzen, wurde er nur von der Achtung seiner Weggenossen von Stufe zu Stufe bis zum höchsten aktiven Staatsamt emporgetragen.

Waldeck-Rousseau hielt nach langer Umschau Combes für den geeignetsten Mann, sein Vereinsgesetz in seinem Sinn zu vollstrecken, nämlich unbeugsam bis zu der Grenze, die er im Geiste gezogen hatte, doch nicht um Haaresbreite darüber hinaus, auch wenn ihn die grundstürzenden Parteien noch so wild drängen, die rückschrittlichen noch so rücksichtslos herausfordern sollten. In Waldeck-Rousseaus Absicht war Combes der kräftige Bremser im Kraftwagen, den er bis zu einer stark abschüssigen Straßenkrümmung gelenkt hatte. Nie hat sich jemand in einem andern so schwer getäuscht wie Waldeck-Rousseau in seinem Nachfolger.

Waldeck-Rousseau war in seinen persönlichen Neigungen konservativ bis ins Knochenmark. Er rühmte sich dessen. Er sagte am Beginn seiner politischen Laufbahn: »Die Gemäßigten dürfen vor der Ehre nicht zurückweichen, Gemäßigte genannt zu werden.« Der Dreyfus-Handel machte aus ihm einen Radikalen mit beschränkter Haftpflicht. Den Juristen empörte die Verletzung des formalen Rechtes im Verfahren gegen den angeklagten Offizier. Den Anhänger der altrömischen und Hegelschen Theorie von der Allmacht des Staates beleidigte der Bestand einer Gewalt im Staate, die ihn verachtete und verhöhnte und mit allen seinen Machtmitteln gegen den Willen der Regierung schaltete, nämlich des Jesuiten- und Assumptionistenordens, in deren Hand die Verfolger von Dreyfus bloße Schachfiguren waren. Seine Entrüstung machte ihn zum Ministerpräsidenten, und als solcher sah er es als seine Hauptaufgabe an, die von ihm als rebellisch empfundene Macht der beiden Kampforden Zu brechen. Er unternahm seinen Kulturkampf genau aus denselben Anschauungen heraus wie Fürst Bismarck: nicht als Freidenker, nicht als Gegner geistlicher Gewalt über die Seelen, sondern als starrer Regierungsmann, der auch von der Kirche Unterwerfung unter die Staatsautorität fordert. Waldeck-Rousseau war Realpolitiker genug, um zu wissen, daß er kein Sondergesetz gegen die Jesuiten und Assumptionisten schaffen konnte und daß er zu jeder Gesetzgebung gegen die Orden der Radikalen bedurfte. Er hielt sein Gesetz deshalb allgemein so daß es scheinbar gegen alle Orden gerichtet war, und er schloß, anscheinend ohne Hintergedanken, einen Bund mit den Radikalen, in seinem Geist aber stand von vornherein fest, daß er das allgemeine Ordensgesetz nur gegen die zwei Kongregationen anwenden würde, die er besonders aufs Korn genommen hatte. War das geschehen, so sollte das Gesetz zu einem sehr langen Winterschlaf hingelegt werden. Und mit seinen unheimlichen radikalen Freunden wollte er auch nur so lange gehen, bis er über die gefährlichen Wegstrecken durch den Dreyfus-Sumpf und die Kongregations-Schlucht hinaus gelangt war. Dann gedachte er sich vor ihnen kurz zu verneigen und ungeleitet nach Hause zu gehen.

Ein Mann genauer Ordnung, wie er war, verfuhr Waldeck-Rousseau streng anschlagsmäßig. Als er das Ordensgesetz in dem Maße, das er sich vorausbestimmt, vollstreckt hatte, ging er ab und überließ es Combes, sich seiner Anwendung auf andere als die von ihm ins Auge gefaßten Orden mit Auskunftsmittelchen zu widersetzen.

Es kam jedoch ganz anders. Combes vollstreckte nicht Waldeck-Rousseaus Hintergedanken, sondern den Wortlaut und den Geist des Gesetzes. Er tat mehr. Er strebte über das Gesetz noch hinaus. Er ging aufs Ganze. Er unternahm es, Frankreich aus einer katholischen Monarchie mit erledigtem Thron in eine weltliche Demokratie umzuwandeln. Ein großes Ziel. Und der unscheinbare Mann wuchs zusehends mit seinen größeren Zwecken.

Combes ist der erste französische Staatsmann seit 1792, der es mit der Verweltlichung ernst meinte. Alle seine Vorgänger, auch die grimmig kirchenfeindlich fauchten, streiften das ungeheure Problem nur tangentiell an einem Punkte und flohen es dann in parabolischer, wenn nicht hyperbolischer Kurve. Jules Ferry wurde von den Klerikalen als eine Art Diocletian verschrien. Der berühmte Artikel 7 seines Unterrichtsgesetzes, den er nicht durchsetzen konnte, lautete: »Niemand wird zur Leitung einer öffentlichen oder privaten Lehranstalt oder zur Erteilung des Unterrichts an einer solchen zugelassen, wenn er einer nicht gestatteten Ordenskongregation angehört.« Madier de Montjau, ein alter Achtundvierziger, logischer und aufrichtiger als Ferry, beantragte, daß das Verbot nicht nur die Mitglieder nicht gestatteter Orden, sondern alle Mönche, Nonnen und Weltgeistlichen ohne Ausnahme treffe. Doch davon wollte der angebliche Pfaffenfresser Ferry nichts wissen. In seiner Rede vom 8. Juli 1879 rief er: »Für die Jesuiten Mitleid zu erregen ist zwar in Frankreich unmöglich. Aber sofort strömen Verwahrungen herbei, wenn man den französischen Bauern von der Schließung der Kirchen, der Abschaffung des Katechismus, dem allgemeinen Auszug der Mönche und Nonnen spricht. Das allgemeine Stimmrecht ist eine ungeheure Macht. Man verliert die Wähler rasch, wenn man sie verletzt… Machen Sie der französischen Geistlichkeit begreiflich, daß Sie nicht die leiseste Neigung haben, die Geldbezüge und die geistige Herrschaft der Kirche zu vermindern, daß Sie nur Herren im eigenen Hause sein wollen, dann werden die Dinge sich anders gestalten. Aber erklären Sie nicht 50 000 Geistlichen den Krieg, tun Sie nicht 40 000 Seelsorger in den Bann der öffentlichen Meinung!« Und zwei Jahre später, am 28. Mai 1881, dankte derselbe Ferry bewegt dem Papste Leo XIII. für seine Mahnung an die französischen Katholiken, sich der Republik anzuschließen, und sagte mit Tremolos in der Stimme: »Die Beschwichtigung wird immer allgemeiner werden. Denn sie hat zum Hauptmitarbeiter den höchsten katholischen Einfluß der Welt, sie hat zum edeln und großherzigen Mitschuldigen den Friedenspapst, der im Vatikan thront.« Ferrys Geistesart war die aller anderen republikanischen Minister. De Freycinet fiel am 23. September 1880, weil er als Ministerpräsident hinter dem Rücken seines eigenen Kabinetts mit dem Vatikan im geheimen über eine Scheinunterwerfung der Jesuiten verhandelte und seine Minister, als sie ihm auf diese Sprünge kamen, ihre Entlassung verlangten. Soll an die geheime oder offenbare Kirchlichkeit eines Jules Simon, Spuller, Goblet, Waldeck-Rousseau erinnert werden? An Challemel-Lacour, der »Enthaltung von allem« empfahl, was »die klerikalen Departements beunruhigen oder entfremden könnte«, oder selbst an Jaurès, der seine Kinder mit Jordanwasser taufen ließ, vermutlich weil dies besser hält? An die minder berühmten Politiker in Stadt und Dorf, die in Reden gegen die Kirche wettern und ihre Kinder in die Klosterschule schicken? Sie alle hielten sich an die freilich anders gemeinte Empfehlung der »Weisheit des Brahmanen«:

> »Ein rechter Mann hat zwei Gesichter, die er hält:
> Das eine für sein Haus, das andre für die Welt.«

Combes hatte nur ein Gesicht für Haus und Welt, und das war das Neue an seinem Falle. Er hatte sich selbst von den Dogmen befreit, er wollte Frankreich von ihnen befreien. Er war kein Schaufechter, sondern ein Kämpfer auf Leben und Tod.

Und wahrlich, diese Selbstbefreiung, die Vorbedingung der Befreiung eines Volkes, war ihm nicht leicht geworden. Die Medizin hatte ihm zwar geholfen, sich aus der Gottesgelahrtheit und der allseitig gebundenen thomistischen Philosophie herauszuarbeiten, aber die erste katholische Färbung hält gut und wird auch mit naturwissenschaftlichen Spülbädern nicht ganz weggewaschen. Er ist im tiefsten Innern mit Glaubens- oder doch Ahnungs- und Sehnsuchtspoesie durchtränkt, er hat sich 1902 in der Kammer als einen Spiritualisten, als einen Gottgläubigen bekannt, und selbst als er unerschrocken auf die Trennung von Staat und Kirche und auf die Überwindung des Katholizismus in der französischen Volksseele losschritt, schien ihm der bloße Rationalismus oder Agnostizismus kein befriedigendes Ideal der Volkserziehung, und er träumte für Frankreich einen staatlich gelehrten »Neuen Glauben« nach der David Friedrich Straußschen Offenbarung: ein Gemisch von Kunstandacht, Schönheitsdienst und altruistischer Bitt- und Bußstimmung.

Man versteht diesen Seelenzustand besser, wenn man Combes' Ursprünge kennt. Er ist der Nachkomme von Albigensern. Seine Vorfahren waren die heiligsten Ketzer, die jemals die katholische Kirche bedroht haben, stille, tiefe Schwärmer, die sich mit ihrem Gott unter vier Augen begegnen wollten und unwillig die Dazwischenkunft des Geistlichen zurückwiesen; die auf Tugend und Sittlichkeit alles, auf Messe und Beichte gar nichts gaben und die ihre Lehrer und Führer – Priester kann man nicht sagen – »parfaits«, »die Vollkommenen«, nannten, weil die Religion ihnen Selbstvervollkommnung und nichts anderes bedeutete. Der Freidenker Combes, der immer noch bang mit den Ewigkeitsfragen ringt, ist ein unbewußter verspäteter Albigenser. Er glaubte nur das Geisterbefreiungswerk der Enzyklopädisten und der Umwälzung fortzusetzen, doch sein Unternehmen wurzelte noch viel tiefer in der französischen Geschichte, es knüpfte an das furchtbare Ringen zwischen Raymond von Toulouse und Simon von Montfort, zwischen dem kritischen Süden und dem fanatischen Norden an und nahm den Kampf von neuem auf, in dem vor sieben Jahrhunderten seine Vorfahren tragisch unterlegen sind.

Die Klerikalen verteidigten mit begreiflicher Zähigkeit ihre Stellung, sie konnten sie jedoch nicht retten. Combes leitete in die Wege, was alle französischen Staatsmänner vor ihm für unmöglich erklärt hatten: die Trennung von Staat und Kirche. Er zerriß einseitig das Konkordat, dieses vielleicht schwierigste und geschickteste Werk Napoleons I., berief Frankreichs Vertreter beim Vatikan ab und bereitete die Beschlagnahme des Kirchenvermögens und sogar der Kirchen, Pfarrhäuser, Bischofspaläste und Seminare vor. Er war bereit, alle dem Gottesdienste geweihten Gebäude mit ihrer Einrichtung und dem zu ihrem Unterhalt dienenden beweglichen und unbeweglichen Eigentum Kultusvereinigungen zu überlassen, die in jeder Pfarrgemeinde gebildet und vom zuständigen Bischof als rechtgläubig katholisch anerkannt werden sollten. Der Papst gestattete die Bildung dieser Vereinigungen nicht, die Katholiken wiesen die Hand zurück, die die französische Regierung ihnen reichen wollte, und die Trennung vollzog sich unter seinem Nachfolger Rouvier in ihrer schroffsten Form. Vorher waren die staatlich nicht genehmigten Ordensniederlassungen, 384 Männer- und 662 Frauenklöster, geschlossen und beschlagnahmt und ihre Insassen, 7444 Mönche und rund 14 000 Nonnen, verjagt worden. Die Gläubigen widersetzten sich vielfach tätlich der Aufnahme des Kirchenvermögensinventars, der Aufhebung der Klöster und der Austreibung der Ordensleute, und diese Amtshandlungen mußten unter militärischem Schutz vollzogen werden. Combes ließ sich nicht ins Bockshorn jagen und vollstreckte seine Ordensgesetze mit einer Festigkeit, die kein Zögern und kein Schwanken kannte.

Als er seine Arbeit, die schwerste, die ein französischer Staatsmann je unternommen hatte, getan glaubte, erinnerte er sich des Beispiels seines Vorgängers und verehrten Vorbildes Waldeck-Rousseau und trat nach zweieinhalbjähriger Leitung der Regierungsgeschäfte am 18. Januar 1905 von seiner Stellung an der Spitze des Ministeriums zurück. Nichts nötigte ihn dazu. Aber ganz freiwillig war es doch nicht. Seine Mehrheit in der Kammer zeigte nämlich in den letzten Wochen die Neigung, immer mehr zusammenzuschrumpfen, und war am 14. Januar 1905 bei einer Abstimmung auf sechs Stimmen gesunken. Er wollte es nicht darauf ankommen lassen, in der Minderheit zu bleiben, und da er auch seiner Natur nach kein Kleber ist, kam er seinem Sturz durch den Rücktritt aus eigener Bewegung zuvor.

Er blieb Senator und Vorsitzender seiner Parteigruppe. Sein Einfluß nahm mit den Jahren eher zu als ab. Sein Rat bestimmte an entscheidenden Wendungen häufig die Haltung der Kammermehrheit, die sich für grundsätzliche Abstimmungen bei ihm das Losungswort holte, und mehr als einmal wollte man ihn wieder an die Regierung berufen, er lehnte jedoch immer ab. Erst im zweiten Jahre des Krieges von 1914 ließ er sich überreden, ein Ministerium ohne Portefeuille zu übernehmen, weil er es als seine Pflicht erachtete, in der Stunde der Gefahr seinem bedrängten Vaterlande seine Dienste, den tätigen Regierungsmitgliedern das Gewicht seines Ansehens und seinen Rat nicht zu verweigern und die schwere Verantwortlichkeit mit ihnen zu teilen. Auf ihn ist es in erster Reihe zurückzuführen, daß die Französische Republik heute der einzige altgeschichtliche Großstaat ist, der amtlich keinen Konfessionalismus kennt, gänzlich auf weltlicher Grundlage steht, jeden Bürger »nach seiner Fasson selig werden läßt« und die Religion, ohne sie im geringsten zu verfolgen oder zu schmähen, zu jedermanns Privatsache gemacht hat. Es gehörte fast übermenschlicher Mut dazu, die »älteste Tochter der Kirche« von ihrer Mutter zu trennen, von ihr den freiwilligen Verzicht auf ihr Elternerbe zu erlangen und sie zu emanzipieren. Der Versuch, den Combes gewagt hat, ist für das Verhältnis von Staat und Kirche in der ganzen Menschheit von größter Bedeutung.

Georges Clemenceau

Es war eine große Überraschung für alle Welt, als das Pariser Renaissancetheater im November 1901 ein Stück von Georges Clemenceau herausbrachte, »Der Schleier des Glücks«. Der große Parlamentarier war auf seine alten Tage unter die Komödienschreiber gegangen! Was hatte er zu sagen. Das Trostloseste, was man sich denken kann. Das Stück zeigt einen blinden Vizekönig von China, dem ein europäischer Arzt mit einem Augenwasser die Sehkraft wiedergibt, ohne daß seine Umgebung es ahnt. Er sieht nun entsetzt und verzweifelt, daß ein verurteilter Dieb, für den er, da er ihn unschuldig glaubte, die Begnadigung beim Kaiser erwirkt hat, bei seinem

Dankbesuch alles stiehlt, was ihm unter die Hand gerät, daß die Sammlung seiner Gedichte, die er seinem Sekretär und Vertrauten zur Veröffentlichung übergeben hat, von diesem unter seinem eigenen Namen herausgegeben worden ist, daß sein einziger Sohn im Hof des Namens unter den Augen seines beifällig lächelnden Erziehers seinen blinden Vater durch Nachäffung seines unsicheren Ganges und seines Tastens grausam verhöhnt, daß sein angebetetes junges Weib ihn mit seinem besten Freunde betrügt. Er kann diese fürchterlichen Anblicke nicht ertragen. Er überredet sich, daß er Fiebergesichte gehabt hat, und um ihnen nicht wieder ausgesetzt zu sein, zerstört er sein wiedergewonnenes Augenlicht aufs neue. Jetzt umgibt ihn ewige Nacht, aber der Mandarin begrüßt sie als Erlöserin. Er ist wieder glücklich, wie er es gewesen, ehe der Europäer ihn sehend gemacht: seine Blindheit ist »der Schleier des Glückes«.

Moral: Das Leben ist Laster und Verbrechen; erträglich macht es einzig die Selbsttäuschung.

Buddha lehrt: »Die Welt ist Schein; hinter dem Schleier der Maya verbirgt sich das Nirwana; hinter dem Sinnentrug ist das Nichts.« Der jüdische Prediger ruft: »Eitelkeit der Eitelkeiten! Alles ist eitel.« Clemenceau ist in seinem Stück weniger radikal als der Inder, doch bitterer als der Jude. Darin stimmt er mit beiden überein, daß alle Lebenswerte Täuschung sind. Aber hinter ihrem Schleier sieht er nicht das ruheverheißende tröstliche Nichts des Sâtti-Amuni, nicht die überlegen zu belächelnde Eitelkeit der Eitelkeiten des Ekklesiastes, sondern die folternde, tragische Lüge, die vertrauende Herzen bricht.

Diese Weltanschauung entspricht schwerlich der Wirklichkeit, in der eine objektive Betrachtung Gutes neben Bösem entdeckt. Aber sie ist folgerichtig aus Clemenceaus Erfahrung abgeleitet.

Er hat einen sehr merkwürdigen Lebensgang, reich an ungewöhnlichen Erfolgen, doch auch reich an zermalmenden Niederlagen, von denen ein anderer sich schwerlich erholt hätte. Er war lange ein Mann der Tat, ehe ihn des Gedankens Blässe ankränkelte. Er lebte und wirkte große Dramen auf der politischen Bühne, dann ging er von ihr ab, trat mit kleinen Federmenschen in Wettbewerb, war jedoch nach vorübergehender Verdunkelung seines Sterns wieder zu Heldenrollen berufen. Ein Auf- und Abstieg wie in den Schicksalen morgenländischer Märchenfürsten.

Er ist ein Mustervertreter der Herrenschicht keltischen Stammes. Er wurde 1841 als Sprößling einer uralten vendéeischen Adelsfamilie geboren, in der man seit Jahrhunderten fanatisch gläubig, abenteuerlich tapfer, grausam rücksichtslos und hochmütig gewesen ist. Diese Eigenschaften hat er von den Ahnen geerbt; aber er zeigt sie in anderer Mischung und Verwendung. Sein Fanatismus ist nicht religiös, sondern politisch. In der Tapferkeit und Rücksichtslosigkeit steht er den Vorfahren nicht nach; er übte sie nicht nur mit dem Degen, sondern auch moralisch, und das ist sicherlich der schwierigere Teil. In seiner Erscheinung, seinem Wesen ist er der echte Sohn des Granitbodens und der schwermütigen Heide des französischen Nordwestens. Schlank, mager, sehnig wie ein Wolf; der Kopf eckig; die Gesichtsmaske eines Samurai wie von einem Steinmetz aus dem Urfelsen gehauen. Der bohrende, dreiste Blick der tiefliegenden dunklen Augen ist eine Herausforderung. Die schneidende Stimme verschüchtert den Feigling und weckt im Temperamentsmenschen positiv Rauflust, wie der Gemsbart am Hut und die Spielhahnfeder beim jungen Tiroler. Er hat große Leidenschaften gekannt, auch im Privatleben, aber er hat sie stets verhalten. Je wilder es in ihm tobte, um so ruhiger schien er von außen. Eine hochinteressante Gestalt, für jede Betrachtung, für die äußerliche wie für die geistige.

Er ging vom Studium der Medizin aus, das er nach einem längeren Aufenthalt in Nordamerika – er begab sich dahin, weil er sich mit seinem Vater überworfen hatte, und verdiente sich sein Leben als französischer Sprachlehrer – in Paris vollendete, und übte die Heilkunst anfangs auch praktisch, obschon vermutlich als Zweifler an Asklepios und Hygieia. Ob seine Rezepte heilten, weiß ich nicht. Aber sie verpflichteten seine Gratispatienten von Montmartre zu solcher Dankbarkeit, daß sie ihn 1871 zum Bürgermeister ihres Viertels wählten. Zugleich kühn und vorsichtig, steuerte er haarscharf an der wildesten Strömung der Kommune entlang, so daß sie ihn fördersam trieb, ohne ihn in den Abgrund zu reißen. Er landete in der Kammer und war da zwanzig Jahre lang einer der starken Männer, zuzeiten der stärkste. Darum der stärkste, weil er nichts für sich wollte. Sein Ehrgeiz war nicht von der Art, die auf den guten Willen der anderen angewiesen ist und von ihnen Befriedigungen erwartet. So fürchteten ihn alle, und er fürchtete niemand. Ein vollkommen selbstloser Mann in der Politik, zugleich ein durchdringender Kritiker, ein verwegener Draufgänger, ein sprungkräftiger Redner, ist schrecklich. Er ist ein Schwerbewaffneter inmitten eines Rudels Wehrloser. Ein Tiger – das ist der Name, den man Clemenceau gegeben hat – in einer Antilopenherde. Ein Sport, der darin besteht, bloß aus Lust an der Entfaltung der eigenen Kraft zu würgen, ist eigentlich nicht mehr schön.

Zwei Jahrzehnte lang übte er die Schreckensherrschaft im Parlament, von vielen gehaßt, von allen bewundert, von niemand geliebt. Seine Beredsamkeit war anders als die der Alltagsredner. Er verachtete weitläufige Perioden und Füllsel. Er war immer von imperatorischer Kürze, aber jedes Wort war eine stählerne Lanzenspitze mit einem Sankt-Elms-Feuer-Flämmchen der Leidenschaft darauf. Wen sein Stahl traf, der war zugleich durchbohrt und »elektrokutiert«. Die Ministerien, die er mit einem jähen Ansprung in den Sand streckte, zählen nicht nach Einheiten, sondern beinahe nach Dutzenden. Am 26. Januar 1882 war er es, der Gambetta stürzte. Im Juli 1882 warf er das Kabinett de Freycinets wegen seiner ägyptischen Politik, die England zum alleinigen Herrn des Nillandes machte, über den Haufen. Am 30. März 1885 entfesselte er den Sturm der Kammer, der Jules Ferry zwang, auf einer Leiter über eine Mauer zu fliehen. Im Januar 1886 stürzte er de Freycinet ein zweites Mal durch Verweigerung der von ihm verlangten Kredite für Tonkin und Madagaskar. Am 18. Mai 1887 rang er Goblet nieder, und im Dezember 1887 veranlaßte er den Beschluß der Kammer, der Jules Grévy zwang, die Präsidentschaft niederzulegen. Die Parteigruppen, auch solche, die nicht auf sein politisches Programm eingeschworen waren, kämpften willig unter seiner Führung, denn nach dem Siege wendete er sich geringschätzig weg und verschmähte einen Anteil an der Beute. Wie oft wollten seine niedergerannten Gegner ihn zwingen, Ministerpräsident zu werden! Er lachte sie einfach aus. So konnte er mit den Ministerien seine grausame Kurzweil haben, ohne Heimzahlung fürchten zu müssen. So konnte er die Menge durch einen glänzend logischen, idealen Radikalismus blenden und entzücken, ohne in die Verlegenheit zu geraten, dessen unmögliche Verwirklichung zu versuchen.

Ich frage mich manchmal, wer wohl ein stolzeres Hochgefühl hat, die bejahende Gottheit, der verneinende Teufel? Ahuramazda, der die blühende Welt betrachtet und sich sagt: »All die Herrlichkeit habe ich geschaffen«? Ahriman, der sie überschaut und spricht: »All die Herrlichkeit kann ich vernichten, wie und wann es mir gefällt«? Ich philosophiere hier nicht über die objektive Würde des einen und des anderen Gefühls. Ich spreche nur von ihrer subjektiven Intensität und bekenne, daß ich sie nicht zu hierarchisieren vermag. Sicher ist, daß Clemenceau zwei Jahrzehnte lang die Empfindung hatte und haben durfte, er sei der unumschränkte Herr der Republik. Wohl regierten andere, doch nur, weil und solange er es wollte. Die Quintessenz der Macht war in seiner Hand. Nur mit ihren Schlacken schleppten die Minister sich und lösten einander in raschem Wechsel unter ihrer Last ab. Das ist eine Ausweitung und Steigerung der Persönlichkeit, wie nur wenige nicht auf einem Thron geborene Sterbliche sie erfahren haben.

Phantastisch wie sein Erfolg war dann sein Sturz. Eine idiotische Fälscherbande schrieb eines Tages seinen Namen auf eine angeblich in der englischen Botschaft in Paris gestohlene Liste französischer Verräter und Spione im Solde Englands, und diese Ungeheuerlichkeit war für die Menge nicht zu dumm. Und nicht nur für sie. Der damalige Ministerpräsident Charles Dupuy, dem Clemenceaus Feinde die Liste vertraulich zeigten, ehe sie sie auf der Rednerbühne der Kammer vorlasen, rief melodramatisch: »Wenn wir in der alten Republik Venedig lebten, würden wir den Elenden nachts in der Lagune ersäufen!«

Clemenceau hatte eine Zeitung, »La Justice«, gegründet, und da er selbst kein Vermögen besaß, eine Kommandité aus der Hand eines faulen Gründers und Finanzschwindlers Cornelius Herz angenommen. Die geriebenen Gauner, die Frankreich die Panamamilliarde gestohlen hatten, wußten mit unvergleichlicher Geschicklichkeit Cornelius Herz, der mit Panama schlechterdings nichts zu schaffen hatte, als den Milliardendieb hinzunageln, und die Opfer ließen sich auch noch foppen, nachdem sie sich hatten plündern lassen. Sie nahmen blindwütend die falsche Spur auf, ließen die wirklichen Diebe unverfolgt, zagten und heulten hinter dem Wild her, auf das jene sie gehetzt hatten, und zerrissen alles Lebende, was auch nur durch die flüchtigste Berührung etwas von der Witterung des verbellten Wildes angenommen hatte. In der Kammer wurde Clemenceau wütend niedergeschrien, als er sich gegen die Anklage Déroulèdes verteidigen wollte, und seine Wähler von Toulon verjagten ihn 1893 unter dem Gekläff: »Aoh Yes!«, »Panama!« und »Cornelius!« Da lag er nun am Boden. Er hatte die Macht verloren. Nicht auch die Würde. Stolz verschmähte er es, mit der törichten Menge zu diskutieren. Er verteidigte sich vor ihr nicht, er bewarb sich auch nicht um einen neuen Sitz in der Kammer oder im Senat. Er blieb 13 Jahre lang dem Parlament fern. Freilich nicht auch der Politik. Was Volksgunst wert ist, hatte er erfahren. Die Einsicht des allgemeinen Stimmrechts hatte er erprobt. Aber der Dreyfus-Handel zog herauf und entfachte mächtig seine Kampfbegierde. Vier Jahre lang stritt er in der vordersten Reihe. Sein Feldzug in der »Aurore« genügt, um ihm einen Platz in der Geschichte zu sichern. Täglich hieb er in die nämliche Kerbe und seine Streiche waren mit die gewaltigsten in diesem Kriege der Geister. Als die Hauptstellung des Feindes erstürmt war, schleuderte er die Waffe von sich. Nachhutgefechte waren seine Sache nie.

In dieser Zeit häutete er sich neu und erstand in erstaunlicher Wiedergeburt, sechzig Jahre alt, als Dichter; Erzählungen, Romane, auch das Drama »Der Schleier des Glücks«, entquollen seiner Feder und errangen ihm einen jungen Ruhm. Die Wandlung ist vielleicht ohne Beispiel. Faust wendet sich nach einem langen Dasein der Studierstube und des Schreibpultes entschlossen dem Leben zu. Clemenceau wandte sich nach einem langen Dasein mitten im Leben, wo es am heißesten wallt, entschlossen dem Schreibpult und der Studierstube zu. War das ein Aufstieg? War es ein Sturz? Wo ist oben? Wo unten? Es kommt vielleicht lediglich auf den Standpunkt des Schauenden und Schätzenden an.

Clemenceau hatte die stärksten Empfindungen der Macht gekannt. Er kannte dann auch die köstlichen Gefühle eines zweiten Lebensbeginns, die Bangigkeiten des Neulings, das Entzücken des ersten künstlerischen Erfolgs mit dem »Schleier des Glücks«.

Dieser war unverkennbar eine Beichte. Schade. Cincinnatus, der nach der Diktatur zum Pfluge zurückkehrt, Karl V., der nach der Weltherrschaft die Klosterzelle von San Yuste bezieht, müssen gleichmütig bleiben, um groß zu sein. Sowie sie bitter werden, schwindet der Zauber, und sie schrumpfen. Damit ihre Dunkelheit nach dem Glänze ruhmreich sei, muß sie gewollt, nicht erlitten sein. Wenn sie bedauern und klagen, sind sie nicht länger Überwinder. Clemenceaus philosophischer Monolog – das ist »Der Schleier des Glücks« eigentlich – ist bitter. Er klagt über die Nichtswürdigkeit der Menschen. Das stört das Bild des außergewöhnlichen Parlamentariers. Er, der ganz oben gestanden und die Menschen von sehr hoch gesehen hatte, sollte über sie lächeln. Nur so wäre der junge Dramatiker dem alten Parlamentarier ebenbürtig geblieben.

Nach den ersten Befriedigungen bekam er übrigens das Schrifttum satt und stürzte sich entschlossen wieder in sein Lebenselement, die Politik. Im Januar 1906 ließ er sich in den Senat wählen, und schon zwei Monate später, im März, nahm er zum Staunen von Freunden und Gegnern aus der Hand Sarriens das Portefeuille des Innern an. Er war allseitig so sehr als das Haupt des Ministeriums anerkannt, daß jedermann es natürlich und als die Rückkehr zur Regel empfand, daß er, als Sarrien am 18. Oktober 1906 wegen schlechter Gesundheit zurücktrat, in aller Form zum Ministerpräsidenten ernannt wurde.

In dieser neuen Verkörperung bot er ein verwirrendes Schauspiel. Er zeigte ein fremdes Gesicht, und doch entdeckte man mitunter darin wohlbekannte alte Züge. Er, der wegen der Besetzung Tunesiens und der Eroberung Tonkins und Madagaskars Ministerien niedergerissen hatte, leitete die Politik der Eroberung Marokkos mit der Besetzung Udschdas durch General Lyautey (März 1907) und der Beschießung Casablancas (5. August 1907) ein. Er, der ehemalige Grundstürzer, der in seinem Programm vom Juni 1879 unter anderem unbeschränkte Versammlungs- und Vereinsfreiheit gefordert hatte, verwandelte Paris in ein Kriegslager, um die sozialistische Maifeier zu verhindern, und verfolgte den »Allgemeinen Arbeitsbund«, die Landesgliederung der Berufsgenossenschaften. Hierüber in der Kammer zur Rede gestellt, erklärte er leichtblütig: »Jetzt stehe ich auf der anderen Seite der Barrikade.« Dagegen fand man den Clemenceau der

Freischärlerzeit ganz wieder, als er kurzerhand am 11. Dezember 1997 den in Paris zurückgebliebenen Sekretär der päpstlichen Nuntiatur Monsignore Montagnini mit Gendarmen über die Grenze bringen ließ, weil er zu französischen Politikern Beziehungen unterhielt. Seine Energie, seine gebieterische Natur offenbarte er auch in der Regierung. Das 17. Infanterieregiment, das meuterte, als es am 21. Juni 1907 gegen das von einem Narren namens Marcelin Albert aufgewiegelte, unter schlechten Weinpreisen leidende Béziers marschieren sollte, die Sozialisten, die Postbediensteten, die im März 1909 einen Ausstand machten, bekamen seine eiserne Faust zu spüren. Aber auch zu Deutschland fürchtete er nicht, in einem Ton zu sprechen, wie man ihn so fest seit Goblet, 1887, nicht vernommen hatte. Als im September 1908 in Casablanca einige deutsche Fremdenlegionäre fahnenflüchtig und hierbei von Angestellten des deutschen Konsulats in Schutz genommen wurden, verteidigte Clemenceau den französischen Standpunkt und brachte den Vertrag vom 24. November 1908 zustande, der alle marokkanischen Streitfragen zwischen Frankreich und Deutschland einem Schiedsgericht unterwarf.

Mit der Zeit scheint Clemenceau sich an der Spitze der Regierung gelangweilt zu haben. Denn am 20. Juli 1909 ließ er es geschehen, daß in einer halbleeren Kammer eine Zufallsabstimmung über eine untergeordnete Flottenangelegenheit ihn stürzte. Er konnte darüber hinweggehen. Er hatte in der Kammer eine zuverlässige Mehrheit. Er wollte sie jedoch nicht anrufen, sondern ging. Der Entschluß war so plötzlich, so grillenhaft und unbegründet, daß man sagen konnte: »Clemenceau ist so gewöhnt, Ministerien zu stürzen, daß er sich selbst gestürzt hat, als er kein anderes sich gegenüber hatte.«

Er war nun 68 Jahre alt und zeigte die Neigung, sich Ruhe zu gönnen. Doch nicht lange. Er gründete bald wieder eine Zeitung, »Der freie Mann«, in der er täglich mit der alten Frische ungestüme Fechtgänge lieferte und namentlich den Präsidenten Poincaré, dessen Wahl er im Januar 1913 vergebens zu hintertreiben gesucht hatte, erbarmungslos bekämpfte. Beim Ausbruch des Krieges, 1914, willigte er eine Zeitlang in die Waffenruhe des Burgfriedens ein. Bald wurden ihm jedoch die Fesseln und Knebel der Zensur unerträglich, und er änderte mit grimmigem Humor den Titel seiner Zeitung in »Der Mann in Ketten« um und übte an den Fehlern, Unentschlossenheiten, Irrtümern und Unzulänglichkeiten der Regierung scharfe Kritik. Man wollte ihn wiederholt zum Eintritt in das Ministerium bestimmen, er wies jedoch alle diese dringenden Einladungen beharrlich ab. Man glaubt vielfach, er sei der vorbestimmte Mann für den Augenblick nach dem Friedensschluß, und er glaubt es vielleicht auch.

Clemenceau ist ein Menschenverächter, und er nimmt die kleinen Interessen, die geringfügigen Freuden und Schmerzen, all das vergängliche Treiben der Sterblichen nicht ernst. Das ist vielleicht eine Tugend für einen Philosophen; es ist sicher keine für einen Regierenden, der nur dazu bestellt ist, endliche Dinge zu verwalten. Er ist ein Verneiner, und den Völkern ist bei der Leitung ihrer Geschäfte nur mit einem Bejaher gedient. Darum erstrahlte Clemenceaus glanzvolle Subjektivität sehr viel heller in den Jahrzehnten seiner Opposition als in den drei Jahren seiner Ministerschaft.

Das erste Opfer des Krieges von 1914 war der Mann, der ihn am meisten verabscheut und bekämpft, mit der größten Beharrlichkeit zu verhindern gesucht hatte, Jean Jaurès. Am 31. Juli des Schicksalsjahres, nach einem arbeitsreichen Tage, an dem er in einem letzten Artikel seiner »Humanité« mit verzweifelter Anstrengung den furchtbar bedrohten Frieden verteidigt hatte, saß er in einem Gasthaus an der Ecke der Rue Montmartre und der Straße der Zeitungsdruckereien, Rue du Croissant, und schickte sich an, sein Abendbrot einzunehmen. Er hatte an einem

Tisch im Saale des Erdgeschosses vor einem offenen Straßenfenster Platz genommen, dem er den Rücken zuwendete. Ein Vorübergehender namens Villain erkannte ihn, zog einen Revolver aus der Tasche und schoß von außen aus nächster Nähe zwei Kugeln auf ihn ab. Beide drangen ihm durch das zerschmetterte Hinterhaupt ins Gehirn und töteten ihn auf der Stelle. Es ist möglich, daß die Waffe des Meuchelmörders eine Tat der Barmherzigkeit getan hat. Jaurès wäre vielleicht über die Zerstörung des Traumes seines ganzen Lebens nicht hinweggekommen. Dieser Traum war die Versöhnung zwischen Frankreich und Deutschland, die Völkerverbrüderung, die allgemeine Abrüstung, die Herbeiführung einer Ära des Friedens und des fruchtbaren Wetteifers in der Arbeit des sittlichen, geistigen und sachlichen Fortschritts der Menschheit. Alle Praktiker waren überzeugt, daß das ein Hirngespinst war, und die Wirklichkeit hat es ja auch mit einem Griff ihrer gepanzerten Faust zerrissen. Sie zuckten die Achsel über sein Apostolat und fuhren fort, im Krieg das einzige Mittel zur Förderung des Volkswohls zu sehen. Ein überspannter Patriot mit Banditeninstinkten hielt Jaurès für einen Vaterlandsverräter und schoß ihn kurzerhand nieder.

Jaurès war ein Schwärmer, ein Jünger des Jesaias, der das Schwert in eine Pflugschar umschmieden und alle Menschen zu einer Herde unter einem göttlichen Hirten vereinigen wollte. Er ließ es sich nicht zur Warnung gereichen, daß die Lehren des Propheten in Israel seit etwa dritthalbtausend Jahren in die Ohren und Seelen der Menschen dröhnen, ohne die geringste Wirkung auf sie geübt zu haben. Er führte die klägliche Ohnmacht des Wortes der Liebe und Vernunft auf die Verfassung der Gesellschaft zurück und richtete sein Streben darauf, sie von Grund auf umzugestalten. Sein heißes Friedensverlangen machte ihn zum Sozialisten. Wirtschaftliche Gerechtigkeit sollte das Individuum befreien und entwickeln, Organisation das Proletariat zum Bewußtsein seiner Macht, seiner Rechte, seiner Pflichten erwecken, die Erkenntnis der Gemeinsamkeit ihrer Interessen die Arbeiter aller Länder einander nähern, eine neue Auffassung der Menschen-, Bürger- und Völkerrechte eine Politik des persönlichen Ehrgeizes, der Eroberung, der Unterjochung, eine knifflige Geheimdiplomatie gegenseitiger Überlistung und gewalttätiger Erpressung unmöglich machen. Hätte er länger gelebt, die Einsicht wäre ihm nicht erspart geblieben, daß auch der Sozialismus nicht das geeignete Mittel der Erziehung des Menschengeschlechts zum Ideal der Nächstenliebe und Eintracht, zum tausendjährigen Gottesreich des Jesaias ist.

Einen vollkommeneren Gegensatz als den zwischen Faurès und Clemenceau kann man sich schwer vorstellen. Dieser ein Negativer, den die Launen des Lebens auf einen Posten positiver Arbeit gestellt, jener ein Positiver, den die Umstände bis ans Ende in der Opposition, das heißt im Negativen festgehalten haben. Der eine ein finsterer Pessimist, der andere ein zukunftstrunkener Optimist. Der eine ein Menschenverächter, der andere unerschütterlich in seinem Glauben an das Gute und Große im Menschen. Das einzige, was sie außer ihrem ungewöhnlichen Talent des Wortes und der Feder gemein haben, ist ihre tiefe Aufrichtigkeit, die immer die kleinen Künste der Opportunitätspolitik und parlamentarischen Strategie verschmäht hat. Sie folgten nicht der von den Klugen und Gewandten gerühmten »mittleren Linie«, sondern schritten unbeirrbar, mit Verachtung aller Widerstände, in der Richtung fort, welche die Logik ihrer Überzeugungen ihnen vorschrieb.

Jean Léon Jaurès war in Castres 1859 geboren, also 55 Jahre alt, als der Mörder seinem Leben jäh ein Ende machte. Er stammte aus einer angesehenen südfranzösischen Bürgerfamilie, die dem Lande Admirale, hohe Richter, Professoren gegeben hat. Er wuchs in einem Luftkreis von Gläubigkeit und konservativer Gesinnung auf, die auch die seine war, bis er sich durch mühevolle Arbeit an sich selbst über sie erhob. Seine sich früh kundgebende Neigung führte ihn der Universitätslaufbahn zu. Er wurde in die *Ecole Normale* aufgenommen, beschloß seine Studien mit einer Abhandlung, in der er sich zur spiritualistischen Philosophie bekannte, wirkte zuerst am Gymnasium zu Albi und dann als Professor der Philosophie an der Universität von Toulouse. Er wandte sich früh der Politik zu und wurde 1885, kaum 26 Jahre alt, zum erstenmal in die Kammer gewählt. Hier schloß er sich anfangs der gemäßigten Linken an. Erst allmählich rückte er von diesem ursprünglichen Standpunkt immer weiter links ab, bis er über den Radikalismus beim Sozialismus anlangte. Das ist eine Entwicklung, die der meistens beobachteten entgegengesetzt ist. Normal ist die vom Jugendrausch zur Altersnüchternheit. Ein französischer Staatsmann sagte am Anfang der dritten Republik: »Ich beklage jeden, der mit zwanzig Jahren kein Republikaner, und der es mit fünfzig Jahren noch ist.« Der Neuling tritt mit inbrünstigem Glauben an die Güte, die Weisheit, die unbegrenzte Vervollkommnungsfähigkeit der Menschen ins Leben. Dieses macht ihn bald zum Zweifler. Er erkennt, daß die Menschen dumpfe Gewohnheitstiere, denkfaul und beschlußunfähig sind und rettungslos in jeden Unfug abirren, wenn ein fremder Wille sie nicht zur Zucht anhält, eine überlegene Einsicht ihnen nicht gebieterisch den geraden Weg weist. Eine beklagenswerte Folge dieser Erkenntnis ist bei gewöhnlichen Naturen das Schwinden des vielleicht bis zum Opferdrang gesteigerten Gemeinbürgschaftsgefühls und seine Verengung zu verknöcherter Selbstsucht. Wie viele Beispiele dieses Entwicklungsganges weist die Geschichte auf! Der »rote« Becker frohlockt als Jüngling: »Wir färben rot, wir färben gut – Wir färben mit Tyrannenblut!« und landet im Alter der Reife im Lehnstuhl eines erzloyalen Oberbürgermeisters. Miquel, der 1848 Marx brieflich Aufwieglung und Bewaffnung der hannoverschen Bauern anbietet, bringt es weiter, bis zum agrarisch«konservativen königlich preußischen Staatsminister. Der freisinnige Oppositionsmann Emile Ollivier endet in der Haut eines Ministerpräsidenten des Kaiserreichs, der Verschwörer und Umstürzler Crispi in der einer Stütze der savoyischen Monarchie und eines Gesellschaftsretters, der Radikale Disraeli in der eines Grafen von Beaconsfield, Ritters des Hosenbandordens und Neuschöpfers der konservativen Partei. Faurès hatte noch weit näher liegende Beispiele. Von den Genossen am Beginn seiner politischen Laufbahn fanden die Sozialisten Millerand, Briand, Viviani nacheinander den Weg zur Macht und vertauschten ehrbar den Kittel des Barrikadenkämpfers mit dem gestickten Frack der Ministeruniform. Er folgte ihnen nicht. Er entfernte sich immer weiter von dem Bürgertum, in dem er geboren und das seine natürliche Lebensgeschichte war, und wählte mit Bedacht seinen Platz inmitten des Proletariats. Nach vierjährigem Aufenthalt in der Kammer, wo er vorerst wenig hervortrat, unterlag er bei den allgemeinen Wahlen 1889 und nahm vorübergehend wieder seinen Lehrstuhl an der philosophischen Fakultät ein. Er wurde indes bald an die Spitze der äußerst radikalen, doch nicht sozialistischen »Petite Republique« berufen, eine Teilwahl verschaffte ihm 1892 wieder einen Abgeordnetensitz, den er diesmal bereits auf der äußersten Linken auf den Bänken der Sozialistengruppe einnahm, und 1894 gründete er »L'Humanité«, die das amtliche Organ der sozialistischen Partei, der französische »Vorwärts« wurde, ohne freilich auch nur entfernt die wirtschaftliche Entwicklung, den Einfluß und die Verbreitung des deutschen Blattes zu erreichen.

Durch seinen goldechten und gewinnend liebenswürdigen Charakter, seine rednerische Begabung und seine publizistische Stellung wurde er bald das geistige Oberhaupt, oder sagen wir, da diese Partei keine monarchische Spitze duldet, eines der Oberhäupter der Sozialistengruppe. Er hatte nicht den starren Dogmatismus Guesdes, den Witz Marcel Sembats, den gemütlich hemdärmeligen Plebejismus Coutants, den eisigen Fanatismus Vaillants. Er ließ sich in Wort und Haltung nie zu der hahnebüchenen Art herab, die Sprecher in Volksversammlungen und Führer äußerster Parteien annehmen zu müssen glauben. Er war immer der Mann von ausgezeichneter Erziehung und besten Formen, und seine Beredsamkeit behielt immer einen akademischen Charakter. Man konnte nicht verkennen, daß ihn die Lehrkanzel für die Rednerbühne vorgebildet hatte. Das ist kein Fehler in Frankreich, wo, wenn nicht die Partei, doch die parlamentarische Vertretung des Sozialismus zum größten Teil aus Professoren, Rechtsanwälten und Schriftstellern besteht.

Innerhalb seiner Partei vertat er die Evolution gegenüber der Revolution, die ihren Theoretiker in Jules Guesde fand. Seine Rechtgläubigkeit war den Ketzerrichtern der Partei immer verdächtig. Auf den Landeskongressen und in der Parteileitung hatte er dauernd die Gegnerschaft Guesdes und seiner Anhänger zu bekämpfen, und in der letzten Zeit wich er mehr und mehr vor Guesdes Richtung zurück, die sich als die stärkere erwies. Die Entwicklung schien übrigens vor dem Ausbruch des Krieges über Faurès wie über Guesde hinweggehen zu wollen. Die berufsgenossenschaftliche Bewegung bemächtigte sich der Arbeiterschaft und zog sie von der rein sozialistischen ab. Der Syndikalismus, das heißt Proudhons Soziologie der verjüngten Zünfte und ihrer unmittelbaren Erwerbsinteressen, war im Zuge, Marx, d. h. Hegels Mystizismus der Staatsallmacht mit Anwendung auf das Proletariat, zu besiegen. Ob die Entwicklung nach dem Kriege wieder dort einsetzen wird, wo dieser sie angehalten hat, ist eine Frage, die die Zukunft zu beantworten hat.

Während des Dreyfus-Handels setzte Jaurès, nicht ohne harte Anstrengung, es durch, daß die sozialistische Arbeiterschaft in den Kampf für das Recht gegen die klerikal-nationalistischen Verschwörer eintrat. Die Guesdisten verteidigten die Auffassung, daß es sich um einen Familienhader der Bürgerklasse handelte, der kein Interesse des Proletariats berührte, also dieses nichts anging und in den es sich deshalb nicht einzumischen hatte. Jaurès hatte eben nicht das gegen die ganze außenstehende Welt feindlich verschanzte Klassenbewußtsein des Durch-und-durch-Sozialisten, der nichts sehen will, was außerhalb seines absichtlich eingeschränkten Gesichtskreises liegt. Das hinderte nicht, daß er emsig bestrebt war, die Massen in Frankreich zu einer sozialistischen Weltanschauung zu erziehen. Er bediente sich dazu u. a. der Geschichtsdarstellung aus dem Gesichtspunkte seiner Partei. Seine »Sozialistische Geschichte der großen Umwälzung« ist, wie immer man sie als Erzählung wirklicher Ereignisse und als Urteil über Menschen und Handlungen einschätzen mag, ein schriftstellerisches Meisterwerk, das sich nicht selten zur Höhe Micheletscher Rhapsodik erhebt.

Die Logik seiner innigen Friedensliebe machte ihn zu einem Gegner des stehenden Heeres, das er abschaffen und durch Milizen nach Schweizer Muster ersetzen wollte. In diesem Punkte war er bei dem Programm der Demokraten von 1869 stehengeblieben, das seitdem von allen andern französischen Parteien mit Reue, Scham und Abscheu verleugnet worden war. Die Miliz war seine buchstäbliche Auffassung des Begriffs des »Volkes in Waffen«, dem Preußen seine Wiedergeburt nach dem Zusammenbruch von Jena verdankte. Er verhehlte sich nicht, daß Frankreich mit einer wenn auch noch so zahlreichen Herde flintenbewaffneter Bürger keinen Angriffskrieg würde führen können. Aber einen solchen wollte er auch um keinen Preis, und für die Verteidigung glaubte er sein System ausreichend.

Trotz seiner, man kann sagen: leidenschaftlichen Friedfertigkeit – dieses Beiwort, zu diesem Hauptwort gesellt, ist nur scheinbar drollig – wies er den Gedanken eines endgültigen Verzichts auf Elsaß-Lothringen immer weit von sich. Nur erwartete er die Anerkennung der seiner Überzeugung nach unverjährbaren Ansprüche Frankreichs nicht von der Gewalt, die nur neue Gewalt erzeugen und die Kette wilder Bluttaten bis in eine unabsehbare Zukunft verlängern mußte, sondern vom Fortschritt der Gesittung. Er verfolgte den Gedankengang, man müsse daran arbeiten, das Rechtsgefühl im deutschen Volke zu entwickeln und zu verfeinern, so daß es ohne äußeren Zwang, aus seinem eigenen geweckten Gewissen heraus sich zur Achtung des Selbstbestimmungsrechtes der Völker bekennen und den Bewohnern von Elsaß-Lothringen anheimgeben werde, durch Volksabstimmung zu entscheiden, welchem Staate sie angehören wollen. Er war überzeugt, daß die beharrliche, unentmutigte Anrufung der deutschen Arbeiterschaft, die er als den vorgeschrittensten Teil des deutschen Volkes ansah, schließlich den erwarteten Widerhall in ihrer Seele wecken würde. Er tat, was er konnte, um dieses Ergebnis herbeizuführen. Unbekümmert um die gehässige Ausbeutung dieses Schrittes durch die Nationalisten, ging er nach Deutschland und sprach auf deutsch zu einer nach Tausenden zählenden Versammlung von Deutschen Worte der Versöhnung und Freundschaft. Die deutschen Behörden sahen diesen Annäherungsversuch mit Mißvergnügen, und im Publikum außerhalb der Parteigenossen des Redners belächelte man sein Unternehmen, das sprachlich recht unzulänglich war und politisch als kindlich beurteilt wurde. Niemand wollte die sittliche Bedeutung der Bewegung eines französischen Volksvertreters, eines Parteiführers erkennen und würdigen, der, seine Stellung im eigenen Vaterland in die Schanze schlagend, ruhig in die Mitte des deutschen Volkes trat und die Bruderhand zu ihm ausstreckte.

Die Ereignisse haben sich brutal gegen ihn gewendet. Heute triumphieren seine Feinde, denen alle seine Ideale Narrenspossen, alle seine Lebenswerte Verbrechen sind. Seine Bruderliebe zu allen Völkern brandmarken sie als niederträchtige Vaterlandslosigkeit, seinen Haß gegen den

Krieg und die ihn notwendig herbeiführenden Rüstungen als schändlichen Antimilitarismus und Landesverrat, seine Friedensschwärmerei als albernes Schafgeblök. Und wer weiß: wenn er den Krieg erlebt hätte, würde er vielleicht sich selbst zu dieser Anschauung bekannt und in Sack und Asche für seine vorherigen Irrtümer Buße getan haben. Noch mehr: er würde es vielleicht als treuer Sohn seines Volkes für seine Pflicht angesehen haben, in der Stunde der Gefahr zusammen mit seinen Parteigenossen Jules Guesde, Marcel Sembat, Albert Thomas selbst an der Leitung des furchtbarsten Krieges der Weltgeschichte tätigen Anteil zu nehmen. So hat sein tragischer Abschluß die Einheit seines Lebens erhalten.

1789	14. Juli	Französische Revolution – Bastillesturm
1792	22. Sept	Die erste Republik
1804		Napoleon I. Kaiser der Franzosen
1814		Die erste Restauration und die »hundert Tage«
1815		Die zweite Restauration
1830	27.-29. Juli	Die drei »großen Tage«. – Das Bürgerkönigtum
1848	23.-24. Febr	Die zweite Republik
	24.-26. Juni	Aufstand der Pariser Arbeiterschaft
1851	2. Dez	Staatsstreich Louis Napoleons
1852	2. Dez	Kaisertum Napoleons III.
1853-56		Krimkrieg
1859		Der italienische Feldzug. Machthöhe Napoleons III.
1870	4. Sept	Die dritte Republik
1871	Februar	Nationalversammlung in Bordeaux, Thiers Präsident der Exekutive, Friede von Versailles
	17. März bis 28. Mai	Aufstand der Kommune
	31. Aug	Thiers Präsident der Republik
1873	24. Mai	Thiers' Sturz. Mac Mahon Präsident.
1875	30. Jan	Entscheidende Abstimmung über die republikanische Verfassung
1877	16. Mai	Staatsstreich Ministerium Broglie
	15. Okt	Endgültiger Wahlsieg der Republikaner
1879	30. Jan	Mac Mahons Rücktritt. Grevy Präsident
1880	Sept	3. Ministerium Ferry
1881	April	Besetzung von Tunis
	Nov	Sturz Ferrys; Ministerium Gambetta
1882	Januar	Sturz Gambetta's

	Juli	Ablehnung der Kredite für Besetzung des Suezkanals. Besetzung Ägyptens durch die Engländer
	31. Dez	Gambetta †
1883	Februar	Letztes Ministerium Ferry
	August	Verkündung des französischen Protektorats in Tonkin und Anam
1885	Februar	Besitzergreifung von Französisch-Kongo
	30. März	Sturz Fennys infolge vorübergehenden Mißerfolgs in Tonkin
	Juni	Friede von Tientsin, China erkennt Frankreichs Herrschaft in Tonkin und Anam an
	Dezember	Grevys zweite Präsidentschaft
1886		Boulanger Kriegsminister
1887	April	Schnäbele-Affäre, Höhepunkt der deutsch-französischen Spannung
	Mai	Boulangers Rücktritt
	2. Dez	Grevys erzwungener Rücktritt. Carnot Präsident
1888		Boulangers Agitation für Verfassungsrevision
1889		Boulanger Abgeordneter in Paris, seine Flucht und Verurteilung.
1890		Weisung Leos XIII. an die Katholiken, sich mit der Republik zu »ralliieren«
1891	August	Russisch-französisches Einvernehmen
1892/93		Der Panama-Skandal
1893		Annexion eines Teils von Siam durch Frankreich. Mac Mahon †, Jules Jerry †
1894	24. Juni	Ermordung Carnots. Casimir Périer Präsident
1894/95		Feldzug in Madagaskar
1895	Januar	Rücktritt Périers. Felix Faure Präsident
1896	Juni	Madagaskar französische Kolonie
	Oktober	Zar Nikolaus II. in Paris

1898	Januar	Zolas Eintreten für Dreyfus
	Juni	Delcassé Minister des Auswärtigen (bis 1905)
	Juli	Major Marchand in Faschoda
	Sept	Kitchener holt in Faschoda die französische Fahne nieder
1899	Februar	Faure †, Loubet Präsident. März. Verständigung mit England über Sudan
	Juni	Ministerium Waldeck-Rousseau
	Sept	Begnadigung von Dreyfus, Ende der »Affäre«
1901	Mai	Annahme des Vereinsgesetzes
1902	Juni	Ministerium Combes
1903	April	König Eduard VII. in Paris
1904	8. April	Englisch-französisches Abkommen über Marokko und Ägypten
1905	Januar	Ministerium Rouvier. April. Wilhelm II. in Tanger
	Juni	Delcassés Rücktritt
	Juli	Kirchentrennungsgesetz.
1906	Januar	Fallieres Präsident
	Januar bis April	Marokko-Konferenz in Algeciras
	März	Ministerium Sariien-Clemenceau
	Dezemb	Einziehung des Kirchenvermögens
1907	Juli	Franzosenfeindliche Bewegung und Verstärkung der französischen Truppen in Marokko
1908	Sept	Deutsch-französischer Zwischenfall in Casablanca
1909	Juli	Ministerium Brians
1911	Mai	Einmarsch der Franzosen in Fez
	Juni	Ministerium Caillaux
	Nov	Deutsch-französisches Marokko-Kongo-Abkommen
1912	Januar	Caillaux' Sturz; Ministerium Poincaré
	August	Poincaré in Petersburg

1913	Januar	Poincaré Präsident Zweites Ministerium Briand
	Februar	Delcassé Botschafter in Petersburg (bis Jan. 1914)
	März	Ministerium Barthou
	Juli	Einführung der dreijährigen Dienstzeit
	Dezember	Ministerium Doumergue; Caillaux Finanzminister
1914	März	Caillaux' Rücktritt infolge des Anschlags seiner Gattin aus Calmette
	Juni	Ministerium Viviani. 800 Millionen-Kredit für Heereszwecke
	Juli	Poincaré in Petersburg
	31. Juli	Faurès' Ermordung
	2. Aug	Ausbruch des Krieges zwischen Deutschland und Frankreich

www.ingramcontent.com/pod-product-compliance
Lightning Source LLC
LaVergne TN
LVHW020925200726

843506LV00011B/1823